NORBERT GOLLUCH

DAS SURVIVAL-HANDBUCH FÜR VÄTER

ENTSPANNT VOM SCHWANGERSCHAFTSTEST BIS ZUM ABITUR

riva

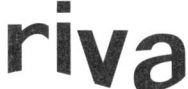

Bibliografische Information der Deutschen Nationalbibliothek:
Die Deutsche Nationalbibliothek verzeichnet diese Publikation in der
Deutschen Nationalbibliografie; detaillierte bibliografische Daten sind im
Internet über http://d-nb.de abrufbar.

Für Fragen und Anregungen:
info@rivaverlag.de

Originalausgabe
1. Auflage 2019
© 2019 by riva Verlag, ein Imprint der Münchner Verlagsgruppe GmbH
Nymphenburger Straße 86
D-80636 München
Tel.: 089 651285-0
Fax: 089 652096

Redaktion: Dr. Carina Heer
Umschlaggestaltung: Isabella Dorsch
Umschlagabbildung: shutterstock.com/TeraVector, Iconic Bestiary, EgudinKa
Satz: Daniel Förster, Belgern
Druck: GGP Media GmbH, Pößneck
Printed in Germany

ISBN Print 978-3-7423-1016-3
ISBN E-Book (PDF) 978-3-7453-0655-2
ISBN E-Book (EPUB, Mobi) 978-3-7453-0656-9

Weitere Informationen zum Verlag finden Sie unter

www.rivaverlag.de

Beachten Sie auch unsere weiteren Verlage unter www.m-vg.de

INHALT

Erwachsene sind auch nur Kinder,
die so tun,
als hätten sie alles im Griff.

EIN PAAR WORTE VORWEG ...

Wenn du, lieber Leser, hier die Ratschläge eines Experten erwartest, liegst du falsch. Der Autor dieses Buches ist keine akademische Koryphäe mit wohlklingendem Titel, obwohl studierter Pädagoge, in grauer Vorzeit war er sogar Grundschullehrer. Was er damals erlernt hat, um sich Lehrer nennen zu dürfen, hat er mittlerweile aber längst wieder vergessen.

Doch kein Grund zu verzweifeln, denn vor allem ist der Autor eines: Vater und somit ein Mann der Praxis. Und das ist viel besser, weil er den alltäglichen Kampf, in der, mit der und für die Familie, den ein Vater regelmäßig führen muss, tagtäglich und über Jahre hinweg am eigenen Leib erfahren hat und immer noch erfährt und sich deshalb warnend und erklärend äußern kann.

Experten dagegen tragen akademische Titel vor sich her, berechnen die Wirklichkeit nach komplexen Formeln, fügen Messwerte hinzu, ergänzen fantasievolle Konstanten und Schlüsselzahlen und berechnen in komplexen Computersimulationen den zu erwartenden Vorteil für die Volkswirtschaft im Jahr 2038 auf Zehntelprozente genau. Experten lassen Wälder sterben, Meeresspiegel und Durchschnittstemperaturen nach Gutdünken steigen und fallen, beliefern die Medien heute mit diesem, morgen mit jenem Katastrophenszenario und zeichnen sich vor allem dadurch aus, dass sie immer haargenau erklären können, warum sie sich mit ihren Einschätzungen und Prognosen geirrt haben.

Aber es geht offenbar nicht ohne Experten. Öffentlich-rechtliche Fernsehsender wären ohne sie aufgeschmissen, weil sie die dünne Faktensuppe in den Nachrichten andicken und das wirklichkeitsfremde Geschwafel in Talkshows blumenreich ausschmücken.

Doch gerade in Sachen Erziehung fehlt es offenbar an kameratauglichen Lichtgestalten, die Vertreter dieses typischen universitären Schwafelfachs würden Fernsehzuschauer erschrecken und verwirren, vermutlich aber vor allem: langweilen.

Deshalb kam das Fernsehen über eine Show mit einer Art Pädo-Domina nicht wirklich hinaus, die aber irgendwann auf die stille Treppe verbannt wurde. Auch Reality-Pädagogik, Menschenversuche mit schwer erziehbaren Jugendlichen irgendwo in der Wildnis oder der Dritten Welt misslangen wohl mangels Einschaltquoten. Ein Segen, Erziehung bleibt, was die Medien betrifft, weitgehend Privatsache.

Wenn dieses Buch von einem Experten verfasst worden wäre, wäre es mit Sicherheit kein Ratgeber, sondern ein kaum lesbares Geschwurbel mit auf den Buchstaben genauen Quellenangaben, mit Querverweisen und Literaturlisten. Deshalb gibt der Autor offen zu, Expertenskeptiker zu sein, selbst kein Experte sein zu wollen und er zitiert deshalb weder Maria Montessori noch Johann Heinrich Pestalozzi noch Hartmut von Hentig oder Alexander Sutherland Neill, sondern Pink Floyd:

We don't need no education ...

Und: Bei Risiken und Nebenwirkungen konsultiert getrost das Erziehungswissen eurer Mütter und Väter.

GRUNDKURS VATER

Solltest du glauben, dass jeder Mann auch Vater sein kann, so werden die folgenden Seiten diese Annahme vermutlich relativieren. Grundsätzlich hast du ja recht. Aber wenn man ein »richtiger« Vater sein will, gehören schon ein paar charakterliche Qualitäten und grundlegende Hilfsmittel über die biologischen Reproduktionsmittel hinaus in den väterlichen Werkzeugkasten. Es gibt da gewisse Dinge, die du wissen solltest.

Manche der nun folgenden Informationen werden dir gefallen, andere ganz und gar nicht …

Die Lieferung

Babys kommen auf sehr persönliche, ganz und gar ungewöhnliche Art und Weise zu dir ins Haus. Weil Väter sich lange Zeit nicht erklären konnten, wie, und weil alle Mütter das Geheimnis für sich behielten, kam das Märchen vom Storch auf. Jahrzehnte oder gar Jahrhunderte lang musste der schmächtige Vogel dicke und dünne Babys im Wickeltuch durch die Luft transportieren.

Dann eines Tages im 20. Jahrhundert entdeckte ein sechsjähriger Junge namens Tim, dass seine Mutter vor der Geburt seiner kleinen Schwester einen dicken Bauch hatte und nachher nicht mehr, und da kam dann alles raus – nicht nur die kleine Schwester, sondern auch das Geheimnis.

Die Wahrheit war noch verrückter als die Geschichte vom Storch: Da ist die Mutter selbst die Verpackung für die Lieferung, welche das Universum … ach, nee, so wird das nichts.

Mal so versuchen: Da ist also ein Mensch und noch ein Mensch, und plötzlich ist ein dritter Mensch da, der ganz von selbst im ersten Menschen aus ein paar Zutaten entstanden ist, die der erste und der zweite irgendwie zusammengemixt haben – keine Ahnung wie –, und einer von diesen Menschen bist du, der Vater.

Eigentlich unglaublich, das alles.

Auspacken?

Hast du dich eigentlich schon einmal gefragt, warum Babys nach der Geburt so laut schreien? Das hat folgende Ursache: Babys sind ganz besonders ökologische Produkte und werden frei von jeder Verpackung geliefert. Das bedeutet allerdings nicht, dass dein Baby keine Verpackung benötigt. Wenn du selbst bei 37 Grad Celsius und 100 Prozent Luftfeuchtigkeit eine neun Monate lange

Tropennacht verbracht hättest und plötzlich strahlenden Sonnenschein und einen Temperatursturz von mindestens 17 Grad nach unten erleben würdest, dann würdest du auch schreien.

Sorge also gefälligst dafür, dass es dein Baby in einem weichen Kinderbett oder einer kuscheligen Tragetasche angenehm dämmerig, warm und gemütlich hat, bis es sich an die Verhältnisse hier draußen gewöhnt hat, was gar nicht so einfach ist, wie du aus eigener Erfahrung weißt, Papa. Manchen Leuten, die ja selbst einmal Baby waren, ist das in Jahrzehnten nicht gelungen und sie würden ganz gern wieder dorthin zurück, wo sie herkamen …

Du bist nicht mehr die Nummer eins

Es war ein gutes Gefühl, von einer Frau – deiner Frau – so bedingungslos und über alle Maßen geliebt zu werden. Damit ist jetzt Schluss, denn Göttin Aphrodite gerät jetzt unter die Fuchtel von Göttermutter Hera, zuständig für Hochzeit, Mutterschaft und Geburt – oder wenn du deine Allegorien lieber römisch magst: Juno, Göttin der Geburt, der Ehe und mütterlichen Fürsorge, verweist Venus auf Platz zwei der Götter-Charts. Aus dem Lustobjekt Frau (das du immer nur vor Augen hattest, du notgeiler Bock!) wird etwas ganz anderes, dir bisher Unbekanntes. Rundungen werden umgedeutet – zum Beispiel von deinem Spielplatz zur Milchbar für das Baby. Kurven rauben nun nicht mehr den Atem, sondern verströmen mütterliche Geborgenheit.

Aufmerksamkeiten werden verlagert: Himmlischer Sex? Hauptsache, das Baby im Himmelbett schläft durch. Oder einfacher und alltäglich gesagt: Schluss mit dem Lotterleben, jetzt ist Mama dran. Nicht immer, aber meistens. Du wirst dir einsam und verloren vorkommen in deiner neuen Position, obwohl du eigentlich nicht einsam und verloren bist, sondern im höchsten Maße gefordert, aber eben nur als familiäre Hilfskraft mit zweifelhafter Qualifikation, also als die Nummer zwei. Wenn es hoch kommt. Schuld daran: Mutter Natur. Und du selbst.

Aber nicht nur dein sozialer Rang ist in Gefahr – auch deinem materiellen Status hast du schweren Schaden zugefügt.

Porsche oder Baby?

Diese Entscheidung hättest du vor ein paar Monaten treffen sollen. Wenn das Kind erst einmal geboren ist, rücken automobile männliche Egoverstärker schon finanziell in weite Ferne – schon deshalb, weil darin Buggy, Wickeltasche und was man sonst mit seinem Kleinkind so herumzuschleppen hat, gar keinen Platz hätten. Und überleg doch mal, wie dein Herz weinen würde, wenn der Nachwuchs Bananenmatsch auf den herrlich nach Fabrik duftenden Sitzen verschmieren würde. Total unpraktisch und familienuntauglich so ein Ding.

Das einzige Cabriolet, das du in den kommenden Jahren also lenken wirst, ist der Kinderwagen. Wie, du hast nicht gewusst, was Kinder so kosten? Baby geboren, geschätzte 400 000 Euro futsch! Wenn du irgendwo andere Zahlen findest und gerne an Märchen glaubst – in Ordnung. Dein Konto wird dir in den nächsten Jahren die rote Wahrheit sagen. Alles hätte so schön sein können, wenn du vor etwa acht Monaten der versammelten Verwandtschaft verkündet hättest:

Liebe Eltern und Großeltern,
Onkel Alfons, Tante Gesine,

wir haben heute eine sehr schöne
Nachricht für euch: Wir bekommen
in etwa acht Monaten ...

Halten wir an dieser Stelle kurz inne und werfen wir einen Blick auf die lieben Angehörigen. Alle Frauen rücken aufgeregt auf den Stühlen hin und her, reiben sich erwartungsvoll die Hände und zeigen ein verklärtes Lächeln, allen männlichen Anverwandten steht der kalte Schrecken ins Gesicht geschrieben ...

... wir bekommen in acht Monaten DEN NEUEN
CARRERA 4S!

Der Schrecken springt aus den Gesichtern der Männer rüber in die der Frauen, die sich die Haare raufen, das verklärte Lächeln wechselt zu den männlichen Verwandten, zugleich ändert sich deren Gesichtsfarbe in ein neidvolles Grün. Du hast eine richtige Entscheidung getroffen. So war es aber leider nicht.

... wir bekommen in acht Monaten NACHWUCHS!

Das ist die teurere Variante. Für den Porsche hättest du (Stand 2020) in der Grundausstattung 127 000 Euro hingeblättert, bei etwa 1000 Euro laufenden Kosten im Monat hättest du deinen Traumwagen gute 22 Jahre lang fahren können – ja, solange halten die – für die etwa 400 000 Euro, die dir dein Baby im Laufe der nächsten 22 Jahre aus der Tasche ziehen wird, Ausgaben für Nahrung, Kleidung, Unterbringung, Ausbildung und Bespaßung, Verdienstausfall eines Elternteils und ein Studium – flexible Extras wie zum Beispiel Auslandsaufenthalte als Austauschschüler, teure Klassenfahrten oder eine Privatschule noch nicht berücksichtigt. Aber du wolltest es ja so.

Also: Spaß beiseite, wir fangen an ...

0 BIS 2 JAHRE: DAS BABY – KLEIN ABER OHA!

Auf die Größe kommt es nicht an – auch Männer mit kleinem Selbstwertgefühl steigen manchmal zum Vater einer großen Familie auf. Eine solche große Familie beginnt mit zwei Erwachsenen und einem anfangs noch kleinen Kind, dem weitere folgen. Das können, wenn du Glück hast, richtig liebe kleine Schätzchen sein oder aber echte Minimonster, die ganz schön an deinem Nervenkostüm zerren und reichlich Stress verursachen, beginnend mit der Frage:

Wie soll es denn heißen?

Baby ohne Namen sucht Eltern mit Fantasie – sich über den Namen anderer Kinder lustig machen – Arn-Tjorven, hahaha, Arn-Tjorven! – ist die eine Sache. Einen Namen für den eigenen Nachwuchs zu finden, eine ganz andere.

Prominente Vorbilder zeigen durch die Wahl von Kindernamen, wie man seinem Nachwuchs mit einer einzigen falschen Entscheidung das ganze Leben versauen kann. Prominenz verpflichtet nämlich bekanntlich zur Originalität, und natürlich kennt die Selbstverwirklichung im Falle eines im Rampenlicht stehenden Prominenten keine Grenzen. Wenn Nachwuchs kommt, kann ein Junge nicht einfach Jonas genannt werden und eine Tochter keinesfalls den ebenso schönen wie alltäglichen Vornamen Johanna tragen. Wie es den Kindern dabei ergeht, scheint nicht Sache der prominenten Eltern zu sein. Dennoch ist klar: Dieser Nachwuchs wird seine Eltern hassen. Pass besser auf, dass es dir nicht ähnlich geht – trotz fehlender Prominenz.

Wie zugedröhnt oder aus sonstigen Gründen der Welt entrückt muss man als Vater oder Mutter sein, um seine Tochter mit Vornamen Dylan und seinen Sohn Satchel zu nennen? Dieses Unglück stieß den Kindern von Stadtneurotiker Woody Allen und Mia Farrow zu, als sie sich noch nicht wehren konnten. Tochter Dylan nannte sich zwischenzeitlich Eliza, Sohn Satchel (das bedeutet Schulranzen!) zieht für sich den Namen Ronan vor. Offizielle Statements über Elternhass gibt es allerdings nicht.

Weitere Opfer elterlich-egoistischer Kreativität:

Amadeus Benedict Edley Luis	Sohn von Boris Becker und Lilly Becker-Kerssenberg
Apollo Bowie Flynn	Sohn von Gwen Stefani und Gavin Rossdale
Apple Blythe	Tochter von Gwyneth Paltrow und Chris Martin
Bear Blue	Sohn von Alicia Silverstone
Bingham »Bing« Hawn	Sohn von Kate Hudson und Matt Bellamy
Bluebell Madonna	Tochter von Geri Halliwell
Bronx Mowgli	Sohn von Ashlee Simpson und Pete Wentz
Buddy Bear Maurice	Sohn von Jamie Oliver und Juliette Norton
Chastity	Tochter von Cher (*Chastity* bedeutet passenderweise »Keuschheit«)
Cheyenne	Tochter von Uwe und Natascha Ochsenknecht

Daisy Boo Pamela	Tochter von Jamie Oliver und Juliette Norton
Dandelion	Tochter von Keith Richards und Anita Pallenberg, nannte sich später Angela
Delphine Malou	Tochter von Sarah Connor und Florian Fischer
Denim Cole	Sohn von Toni Braxton und Keri Lewis
Diezel Ky	Sohn von Toni Braxton und Keri Lewis
Diva Muffin	Tochter von Frank und Gail Zappa
Don Hugo	Sohn von Franziska van Almsick
Duncan Zowie Haywood	Tochter von David und Angela Bowie
Dweezil	Sohn von Frank und Gail Zappa
Egypt Daoud Dean	Sohn von Alicia Keys und Swizz Beatz

Elijah Bob Patricius Guggi Quincy	Sohn von U2-Frontmann Bono
Fifi Trixibelle	Tochter von Bob Geldof und Paula Yates
Harper Seven	Tochter von David und Victoria Beckham
Honor Marie	Tochter von Jessica Alba und Cash Warren
Ireland	Tochter von Kim Basinger und Alec Baldwin
Jimi Blue	Sohn von Uwe und Natascha Ochsenknecht
Kal-el	Sohn von Nicolas Cage und Alice Kim, benannt nach dem Vater von Superman
Kingston James McGregor	Sohn von Gwen Stefani und Gavin Rossdale
Knox Léon	Sohn von Brad Pitt und Angelina Jolie
Little Pixie	Tochter von Bob Geldof und Paula Yates

Maddox Chivan	Sohn von Brad Pitt und Angelina Jolie
Mirabella Bunny	Tochter von Bryan Adams und Alicia Grimaldi
Moon Unit	Tochter von Frank und Gail Zappa
Mo Vito	Sohn von Franziska von Almsick
Nahla Ariela	Tochter von Halle Berry und Gabriel Aubry
North	Tochter von Kim Kardashian und Kanye West
Pax Thien	Sohn von Brad Pitt und Angelina Jolie
Peaches Honeyblossom	Tochter von Bob Geldof und Paula Yates
Petal Blossom Rainbow	Tochter von Jamie Oliver und Juliette Norton
Pilot Inspektor	Kind von Jason Lee und Beth Riesgraf
Poppy Honey Rosie	Tochter von Jamie Oliver und Juliette Norton

Princess Tiaamii	Tochter von Katie Price und Peter André
Rumer Glenn	Tochter von Bruce Willis und Demi Moore
Sage Moonblood	Sohn von Silvester Stallone
Scout LaRue	Tochter von Bruce Willis und Demi Moore
Shiloh Nouvel	Tochter von Brad Pitt und Angelina Jolie
Speck Wildhorse	Sohn von John und Elaine Irwin Mellencamp
Summer Antonia Soraya	Tochter von Marc Terenzi und Sarah Connor
Suri	Tochter von Tom Cruise und Katie Holmes, (*Suri* ist hebräisch und bedeutet »Prinzessin«; auf Japanisch jedoch »Taschendieb«)
Tallulah Belle	Tochter von Bruce Willis und Demi Moore
Vivienne Marcheline	Tochter von Brad Pitt und Angelina Jolie

Wilson Gonzales	Sohn von Uwe und Natascha Ochsenknecht
Zahara Marley	Tochter von Brad Pitt und Angelina Jolie
Zuma Nesta Rock	Sohn von Gwen Stefani und Gavin Rossdale

Einen poetisch klingenden Vornamen erwischte die Tochter von Keith Urban und Nicole Kidman auf den ersten Blick: Sie heißt Sunday Rose. Allerdings bietet sich durch eine extreme klangliche Ähnlichkeit eine ziemlich gemeine Namensvariante an, unter der das Kind wohl gelitten haben dürfte wie der Autor dieses Buchs unter Gulasch statt Golluch. Sprechen wir doch Sunday Rose noch einmal langsam und mit Bedacht aus. Was hörst du, lieber Leser? *Sunday Roast* – übersetzt mit: »Sonntagsbraten«.

Noch ein paar weitere unglückliche junge Erdenbürger:

Henry Günther Ademola Dashtu Samuel
Johan Riley Fyodor Taiwo Samuel

Die beiden bedauernswerten Jungen mit Namen so lang und skurril, dass sie hier nicht einmal in die Tabelle passen, sind die Söhne von Seal und Heidi Klum. Drum.

Aber es gibt noch Hoffnung, es scheint – wenn auch selten – manchmal zu Phasen klarer Einsicht zu kommen: Der

Sohn von Christina Aguilera und Jordan Bratman wurde – Respekt! – schlicht Max getauft. Nicht Manellus Samuel Tinkerbell Maximillian Fjodor Maximus – schlicht Max. Mit vollem Namen wird er Max Liron Bratman genannt – immerhin führt er einen halbwegs brauchbaren Rufnamen.

Wenn ihr also einen Namen gefunden habt, für das euch euer Kind nicht den Rest seines Lebens hassen wird, gibt es eine Sache, die du dir jetzt – und für die nächsten Jahre – bewusst machen solltest:

Vergiss deinen Alltag!

Verplane deine Zeit nicht für Arbeit, Fortbildung, Reisen und andere Vergnügungen, denn der größte Teil deiner Zeit gehört jetzt dem Baby. Das Bisschen, das übrig bleibt, brauchst du dringend, um so einfache Tätigkeiten wie das Schlafen zu erledigen oder um den erotischen Teil deiner Partnerschaft zumindest auf Sparflamme am Leben zu erhalten.

Weshalb du das mit dir machen lässt?

Vorsicht, Babys versklaven ihren Vater!

Der Trick: Babys riechen unglaublich lecker. Schon allein deshalb verlieben sich Eltern unsterblich in ihren Nachwuchs. Was den besonderen Duft ausmacht? Zuerst ist es das Baby pur, später eine Mischung aus Babycreme, Babymilch und Baby und irgendwann duftet ein Baby ganz unvorstellbar stark nach Harmonie, Familie und Elternglück. Wenn nicht, solltest du vermutlich mal die Windeln wechseln.

Das mit dem Duft funktioniert übrigens nicht nur bei Vater und Mutter – der Babyduft sorgt dafür, dass jedes Kind und jeder Erwachsene dem Baby gegenüber ausgesprochen freundlich gesinnt ist und sich ihm sofort mit einer Mischung aus Heiterkeit und Neugier nähert. Im Nu steht das Baby im Mittelpunkt und zieht Schutz und Fürsorge aller auf sich. Das konnte es vermutlich nur erreichen, indem es so gut riecht. Wenn du den Trick drauf hättest, würde dich die Bedienung in deiner Stammkneipe behandeln, als wärst du George Clooney oder Jake Gyllenhaal. Doch genug geträumt – wenden wir uns den Albträumen zu …

(Alb-)Traumhafte Nächte

Junge Eltern teilen sich in zwei Gruppen, was die nächtlichen Gewohnheiten ihres Nachwuchses angeht. Gruppe A, die glücklichen Durchschläfer, haben ein Kind, das sich vom ersten Tag an nachts an den Wünschen der Eltern orientiert: trinken, einschlafen, durchschlafen – morgens mit einem Lächeln aufwachen.

Zu Gruppe A gehören nach eigenen Angaben etwa 50 Prozent aller jungen Eltern. In Wirklichkeit sind es aber 2 Prozent – die übrigen 48 sind hochqualifizierte und hemmungslose Lügner, die sich morgens den nächtlichen Babywahnsinn mithilfe von Kosmetika aus dem Gesicht pinseln und vermutlich auch erklären, das drei Monate alte Kind helfe oft und gerne beim Ausräumen der Spülmaschine.

Zu Gruppe B gehören 98 Prozent aller jungen Menschen mit Nachwuchs – du also wahrscheinlich auch. Diese große Mehrheit erwarten abenteuerliche nächtliche Erlebniswelten.

Schon früher in deiner Beziehung fandest du nachts manchmal kaum Ruhe, es ging hemmungslos zu, rastlos, schlaflos, atemlos, voller wilder Leidenschaft bis an den Rand der Erschöpfung, dazu liebevolles Flüstern, zärtliches Hauchen, lustvolles Stöhnen, sogar Schreie der Lust.

Genau solche Nächte kommen jetzt wieder – doch stöhnen wirst du nicht aus Erregung, sondern weil du völlig geschafft bist. Deine Schreie in diesen neuen Nächten könnte man auch Flüche nennen. Na ja, und geflüstert wird, damit die gerade eingeschlafene kindliche Landplage nicht sofort wieder aufwacht …

Babys haben nämlich die Angewohnheit, mal hier ein Stündchen zu schlafen, mal da zwei. Lass sie doch, denkst du jetzt sicher, ist mir egal. Pustekuchen.

Tagsüber mag das kein großes Problem sein. Alle Erwachsenen sind fit und springen als eifrige Dienstboten herbei, wenn das Baby aufwacht und randaliert, weil es etwas braucht. Hunger. Pippi. Langweilig.

Nachts sieht die Sache anders aus: Erwachsene haben die kuriose Angewohnheit, *en bloc* zu schlafen, meist sechs, ganz faule sogar acht Stunden am Stück. Lass sie doch, denkt das Baby, ist mir egal, solange sie mich bedienen …

Einige Sprösslinge werden alle zehn Minuten wach und fordern lautstark die Aufmerksamkeit ihrer Eltern. Babys wachen nie sanft lächelnd auf. Jeder Übergang in den Wachzustand ist ein Alarmstart – so jedenfalls wirst du es nach wenigen Nächten als wachhabender Vater wahrnehmen.

Andere Sprösslinge schlafen in der einen Nacht im Zwei-Stunden-Takt, und wenn sich Eltern gerade darauf eingestellt und den Hightech-Flaschenwärmer entsprechend programmiert haben, schalten sie auf das 47,5-Minuten-Programm um. Oder sie werden nach 12, 29, 31, 47 oder 72 Minuten wach – *random horror* sozusagen.

Am schlimmsten aber sind Babys, die scheinbar überhaupt nicht schlafen wollen. Putzmunter lallen sie niedlich bis nach Mitternacht, schreien sich zwischendurch mal derart die Seele aus dem Leib, dass die Nachbarn, je nach Einschätzung deiner Person, entweder in Gott ergebener Demut eine Wagenladung Ohropax ordern oder wegen deiner pädagogischen Unfähigkeit das Jugendamt alarmieren. Solche Babys veranstalten Turnübungen, zerstören pädagogisch wertvolles Kleinkinder-spielzeug, essen dieses und trinken jenes, von den Eltern diensteifrig zubereitet, kotzen alles wieder aus, kacken die frischen Windel bis zu den Schulterblättern voll, zerlegen das neue Babyphon in seine Einzelteile, unternehmen also alles Mögliche, nur schlafen sie nicht ein.

Je später der Abend wird, desto munterer werden diese Schlafverweigerer. Moderne Eltern holen sich mittlerweile Ratgeber in der örtlichen Buchhandlung, suchen sich Hilfe im Internet, sind begeistert von Ratschlägen zur Regelmäßigkeit (Wie sagt es die Fachliteratur: »Feste Abläufe rechtzeitig etablieren«) und zur Einführung allabendlicher Rituale und – oh Wunder! – die Sache funktioniert sogar. Keine drei Minuten nach dem letzten Ritual sind sie tief und fest eingeschlafen – die Eltern. Baby kräht dazu ein bisschen und bekleistert die ganze Szenerie mit laktosefreiem Babybrei. So etwa drei Minuten lang. Dann ist wieder Alarmstufe 3 angesagt und es helfen nur noch Hardcore-Maßnahmen:

Die besten Tricks, um ein Baby zum Einschlafen zu bringen

Nein, so ganz ohne zu kämpfen, geben junge Väter nicht auf! Das wäre doch gelacht, wenn ein erwachsener Mann vor einem überwachen Kleinkind kapitulieren müsste! Junge Väter entwickeln alltagsorientierte Strategien und verhaltenstherapeutische Maßnahmen, um den eigenen Nachwuchs in den Schlaf zu zwingen:

- Das Baby schläft wunderbar ein, wenn die Familie im Auto fährt? Also schnappt sich Papa abends den Nachwuchs, klemmt ihn in den Kindersitz und düst los. Keine drei Minuten später schnorchelt Baby auf dem Rücksitz und könnte jetzt ohne Weiteres ins eigene Bettchen transportiert werden. Nur: Der Parkplatz vor der Haustür ist weg. Also halten mitten auf der Fahrbahn, hinter sich hupende Nachbarn, die rücksichtslos Babys eben begonnene Einschlafphase gefährden, fliegende Babyübergabe an die Mutter, dann drei oder vier Runden durchs Viertel, bis sich nach einem knappen Stündchen der Suche kaum vier Kilometer entfernt hinter der Sankt-Nimmerleins-Kirche ein Parkplatz gefunden hat, der nur zu einem Drittel im Halteverbot liegt. Die paar Schritte joggt Papa dann locker nach Hause, hüpft euphorisch wegen der gelungenen Einschlafaktion durch das Viertel, klingelt an der Haustür, der Trottel, und schon kräht Baby wieder frisch und munter aus dem Kinderzimmer …

- Wichtig ist auch die richtige Schlafumgebung: Ein in gedeckten Farben gestrichener, gut belüfteter, am besten klimatisierter Raum, zarte aeolische Klänge aus dem WLAN-Hifi-System, ein breites, bequemes Bett mit Platz auch für die wichtigste Bezugsperson. Nein, das bist nicht du. Ja, du kannst deinen eigenen Platz im gemeinsamen Schlafzimmer ruhig einmal an das Baby abtreten. Junge Väter können überall schlafen, auch auf dem Sofa in der Abstellkammer.

● In der letzten Stunde vor dem Einschlafen sollten die Eltern jede Aufregung in der Wohnung vermeiden. Alle tragen Filzpantoffeln, es wird nur geflüstert, die Haustiere werden mit Psychopharmaka stillgelegt. Laute Musik ist tabu, gegen eine Berieselung mit Giraffenaffen oder Anne Kaffeekanne aus dem Kassettenrekorder oder dem Internet ist nichts einzuwenden. Du bist kein Anne-Kaffeekanne-Fan? Pech gehabt, das hättest du dir früher überlegen sollen!

● Der Trick mit dem regelmäßigen Abendritual – Pädagogen raten: *Keep it simple*. Also füttern, rülpsen, wickeln, Kind in den Schlafanzug und dann ins Bett stecken, Schlaflied singen oder Spieluhr einschalten, Licht aus und fertig. Kreative Väter fügen Komponenten hinzu wie ein wenig Bundesliga-Berichterstattung über das Internetradio oder eine kurze Anrufung von Morpheus, dem Gott des Schlafes. Nein, das ist nicht der Typ aus Matrix. Sehr beruhi-

gend wirken auch Pssst!-Laute und andere Zisch-
geräusche wie etwa das Öffnen einer Bierdose.

- Der Trick mit dem Taschentuch: Einfach dem Kind
  mit einem handelsüblichen Taschentuch sanft über
  das Gesicht streichen, immer von oben nach unten. Wenn sich das Kind einmal daran gewöhnt
  hat, wird es ein Taschentuch auf dem Nachttisch
  sein Leben lang begleiten. Du selbst wirst kein Taschentuch mehr in die Hand nehmen können, ohne
  ans Einschlafen zu denken.

- Der Flüster-Trick: Was als ASMR (*Autonomous Sen-
  sory Meridian Response*) im Internet gefeiert wird
  und als *Gentle Whispering* sozial gestörte Nerds
  in Ekstase versetzt, funktioniert auch bei deinem
  Baby. Nähere dich vorsichtig und sanft dem Ohr
  des Kindes und flüstere ihm etwas hinein – was,
  ist eigentlich egal. »Papa hat dich lieb!« hat die-
  selbe Wirkung wie »Alle Chemiederivate tendieren
  im Moment vorbörslich nach unten« oder »Ach, wie
  gut, dass niemand weiß, dass mein Stilzchen Rum-
  pel heißt!« Effekt: Das Baby pennt schon nach wenigen Wiederholungen ein. Oder du.

- Der Trick mit der Gutenachtgeschichte: Kinder
  lieben Gutenachtgeschichten, besonders dann,
  wenn Vater sie erzählt oder vorliest. Der Vorteil:

Das Einschlafen funktioniert recht gut. Der Nachteil: Das Jahr hat 365 Tage, und irgendwann geht dir der Stoff aus. Aber schon nach ein paar Tagen schläft Baby ohne Gutenachtgeschichte nicht mehr ein, und der betreuende Vater braucht intensive Programmberatung, zum Beispiel von seinem engagierten Buchhändler. Weniger motivierte Väter lesen immer wieder die gleichen drei Geschichten vor, was der Intelligenzentwicklung des Kindes vermutlich den Rest gibt, aber perfekt auf ein Leben als Online-Seriengucker vorbereitet. Neurologen werden später vielleicht diagnostizieren, dass ein Raupe-Nimmersatt-Syndrom am präfrontalen Cortex nagt, das juvenile Gegenstück zu Alzheimer.

- Eine Bemerkung am Rande: Der in den Neunzigerjahren noch flächendeckende Einsatz von Kassettenrecordern mit Benjamin Blocksberg und Bibi Blümchen als Einschlafhilfe hatte große Vorteile für die Erziehungsberechtigten, ist aber leider aus der Mode gekommen. Wenn Kassette am Kinderbett, dann Sprachkurs Chinesisch oder Einführung in die Betriebswirtschaftslehre.

- Das Baby verschaukeln: Was früher die Wiege geleistet hat – du kannst dir natürlich auch wieder eine kaufen – musst du nun selbst erledigen. Nimm das Baby auf den Arm und tanze mit ihm zu den Klängen eines deiner Lieblingsmusikstücke. Dabei kommt es sehr auf die Medien-Auswahl an: Überlege dir sehr genau, ob du dein Kind schon früh mit Speed Metal, Maffay, Gabalier, Grönemeyer oder den Wildecker Herzbuben konfrontieren willst. Es gibt noch keine aussagekräftigen Studien über die möglichen Folgen. Du solltest aber wie im Falle von Stickstoffdioxid immer das Schlimmste befürchten. Es gibt Musik, für die können Grenzwerte nicht niedrig genug sein.

- Männer mögen technische Lösungen, und es muss wohl ein junger Vater gewesen sein, der auf die Idee mit dem Staubsauger gekommen ist. Das monotone Geräusch des Reinigungsgerätes wirkt auf manches Baby extrem einschläfernd, allerdings nicht, wenn das Baby auf dem Staubsauger sitzend mitfährt. Wobei anzumerken wäre, dass Staubsaugerroboter zwar wenig zur Reinhaltung der Wohnung beitragen, aber ein Kind als lustiges Fahrzeug gut unterhalten können. Besser als Einschlafhilfe eignet sich ein Föhn.

- Ebenfalls gute Einschlaferfolge und gleichzeitig eine gute Abwehr von Stechinsekten erreichst du, wenn du im Sommer eine Drohne über dem Bettchen des Kindes kreisen lässt, bis es eingeschlafen ist. Das spart gleichzeitig auch das Babyphone mit Videofunktion.

- Bewährt hat sich bei früheren Generationen auch das regelmäßige Geräusch eines laut tickenden Weckers. Diese wunderbare Einschlaf- und Meditationshilfe auch für Erwachsene wurde leider wegdigitalisiert. Vermutlich hat aber irgendein Programmierer bemerkt, wie der Zeitgeist tickt, und längst eine tickende App herausgebracht.

Es schläft endlich!

Endlich, es schlummert tief und fest wie ein Eisbär im Winterschlaf. Nun beginnt das kurze und kuriose Liebesleben junger Eltern. Ein existenzielles Problem der jungen Vaterschaft ist gelöst, ein zweites folgt auf dem Fuße: der bei allen jungen Vätern immer und überall vorhandene Triebstau. Jetzt gäbe es die Gelegenheit, jedoch muss eine Entscheidung getroffen werden: Sex oder Nachtruhe, Quickie oder erholsamer Tiefschlaf? Entscheiden müssen beide, und zwar schnell, denn das Baby kann ja jede Sekunde wieder aufwachen. Er ist für den Quickie – sie will lieber schlafen und meint, wenn es denn sein müsse, gehe ja auch beides gleichzeitig ...

Manchmal überkommen die wilden Triebe das junge Paar auch mitten in der Nacht. Baby quengelt, Fläschchen wärmen, zwischendurch die Windeln wechseln, Baby abfüllen, La-le-lu singen, kurz einpennen, Sex, dabei wieder ein- oder weiterschlafen. So nicht jedermanns und jederfraus Sache. Und sowieso die große Ausnahme. Aber so versessen auf Sex wie freilaufende kinderlose Männer oder Frauen während der Schwangerschaft sind junge Elternpaare sowieso nicht. Sie träumen von anderen orgiastischen Erlebnissen: Mal wieder eine ganze Nacht durchschlafen …

Und dann das: Du sinkst erschöpft und zufrieden in die Laken, kuschelst dich ein, schließt die Augen und … kannst nicht schlafen! Du bist hellwach und spürst auch nicht das geringste Gefühl von Müdigkeit. Schäfchen zählen?

Zeit, in einem Erziehungsratgeber zu blättern …

Was darf es, was darf es nicht? – Ernährungsfragen

Baby ist ausgeschlafen, jetzt hat es Hunger: Was darf es essen, was nicht? Junge Väter sollten das wissen, sind aber im Regelfall völlig unbeschlagen in Sachen gesunder Ernährung und übertragen ihre eigenen Vorlieben auf den Nachwuchs. Immerhin achten sie darauf, dass sich ihr Baby keine Dinge in den Mund steckt, an denen es ersticken könnte. Spare Ribs, Steaks und andere Köstlichkeiten vom Grill essen junge Väter lieber selber. Schließlich hat das Baby ja noch keine Zähne und somit auch nicht den richtigen Biss.

Über diese Schutzmaßnahme hinaus solltest du als junger Vater einiges über die Phasen des kindlichen Lernprozesses beim Essen wissen:

- Phase 1: flüssige Nahrung – nuckeln und Bäuerchen machen, am liebsten auf Papas frisch gebügeltes Hemd;

- Phase 2: feste Nahrung – sabbern und alles wieder ausspucken, weil das Baby noch keine feste Nahrung zu sich nehmen kann;

- Phase 3: feste Nahrung – sabbern und alles wieder ausspucken, weil es Spaß macht und Papa immer so schön doof guckt;

- Phase 4: feste Nahrung – vom Löffel essen, dabei ganz ernst gucken und sich toll fühlen, weil Papa sehr staunt;

- Phase 5: feste Nahrung – bemerken, dass einfach nur essen langweilig ist und entdecken, dass der Löffel einen prima Spinatkatapult sein kann.

Besonders kritisch: Wenn mehrere Väter allein mit den Kindern einen Ausflug unternehmen. Da kann es schon mal vorkommen, dass Baby im schottischen Spezialitätenrestaurant an Pommes frites lutscht, einen riesigen Hamburger forschend zerlegt und von den Bestandteilen kostet oder sich beim Griechen fröhlich lächelnd Tsatsiki von den Fingerchen leckt. Alles nicht sehr gesund fürs Kind, würde die Mutter sagen. Also lieber eine ausreichende Anzahl von diesen kleinen Gläschen in den Rucksack, die mit dem absolut geschmackfreien Gemüsebrei. Nein, nicht nachsalzen! Das Zeug muss so eklig schmecken, Baby grinst ja sogar.

Abschließend ein Hinweis für unerfahrene Väter: Sollte dein Baby im Laufe des Ausflugs Kontakt zu Tomatenketchup bekommen haben, so reinige es bitte sorgfältig, denn sonst erleidet seine Mutter einen Ohnmachtsanfall bei dem vielen Blut …

Doch mit wem machst du diese Ausflüge in die kulinarischen Abenteuerwelten eigentlich? Du hast neue Freunde, junge Väter wie du, aber …

Vergiss deinen alten Freundeskreis!

Freunde ohne Kinder? Das müssen besonders gute Freunde sein, die zu jungen Eltern halten. Vermutlich aber wirst du die nächsten Jahre mit denselben Typen verbringen, die du schon in der Schwangerschaftsgymnastik kennen gelernt hast. Wenn alle Abläufe den Normalitäten junger Eltern entsprechen, wirst du diese Damen und Herren in einer so genannten Krabbelgruppe wieder treffen – nette Leute, wie du feststellen wirst. Und mit genau denselben Erfahrungen und Problemen wie du selbst: Alles kreist ums Baby!

Um *das* Baby wohlgemerkt – denn mit dem Geschlecht ist es so eine Sache …

Rosa für Emma, Blau für Paul?

Die rosa oder blauen Strampelhöschen kannst du getrost in die Altkleidersammlung geben. Nicht einmal mehr die Tatsache, dass dein Baby einen Penis oder eine Vagina hat, kann dir bei der Geschlechtsbestimmung weiterhelfen. Eigentlich weiß kein normaler Mensch mehr, ob ein Baby ein Mädchen oder ein Junge ist, doch dafür erklären sich zum Beispiel die Wissenschaftler*innen von der Koordinierungsstelle Genderforschung & Chancengleichheit Sachsen-Anhalt an der Otto-von-Guericke-Universität Magdeburg, das Institut für Interdisziplinäre Genderforschung und Diversity (IGD) an der FH Kiel und zahlreiche andere Kolleg*innen zuständig, die mit ihrem geschlechtlich sicher nicht eindeutig zugeordneten Hinterteilen auf den Gender-Lehrstühlen der Republik sitzen. Sie definieren *ex cathedra*, wie du das soziale Konstrukt Geschlecht zu begreifen hast und ob dein Kind nun ein Mann oder eine Frau werden soll oder vielleicht doch besser irgendetwas anderes. Die menschliche Biologie ist denen egal. Wenn du nicht auf den Chor der hyperklugen Gender*engel hörst, ruinierst du vielleicht das Leben deiner Kinder, weil du ihnen das falsche Etikett verpasst. Es ist nicht einfach in diesen Tagen, Vater eines Sohnes oder einer Tochter zu sein, wenn man gar nicht weiß, ob es wirklich ein Sohn oder tatsächlich eine Tochter ist.

So oder so: Du musst jetzt eine Entscheidung treffen, sonst lohnt es sich gar nicht mehr, weiter zu lesen.

+++

Gut, du hast dich entschlossen, hast in den Mülleimer der Geistesgeschichte geworfen, was dort hingehört, und hast die Strampelhöschen behalten – Rosa für Emma, Blau für Paul. Jetzt muss es dir nur noch gelingen, das Kind vor den modischen Attacken deiner Partnerin oder deines Partners zu beschützen. Auch Kinder mit zwei Vätern sind sehr gefährdet, was Exzesse bei der modischen Ausstattung im Kinderbett und Laufställchen betrifft. Rosa oder Lindgrün wirkt seltsamerweise auch auf manche Männer äußerst attraktiv. Was den Kindern jetzt angezogen wird, ist stilprägend und entscheidet letztlich darüber, was 2045 im Office getragen wird, ob *No brown in town* sich auf Schuhe oder Nazis beziehen wird und wie der Umzug am Christopher Street Days in diesem Jahr aussehen könnte ...

Scherz beiseite: Babys ist die Farbe ihrer Kleider und das gesellschaftliche Ansehen von Labels wie Vertbaudet, Sterntaler und Organics for Kids schnurzpiepegal – sie bekleckern alles mit derselben Begeisterung, deshalb wenden wir uns lieber viel drängenderen Fragen zu …

Ist mit Baby alles in Ordnung?

Männer lieben Checklisten: Du als junger Vater solltest auf jeden Fall auch die folgende Checkliste über die erweiterten Funktionen deines Babys (neben essen, schlafen und Windeln verbrauchen) abarbeiten, damit du weißt, ob alles in Ordnung ist:

☐ Lacht es, wenn du es kitzelst?
☐ Steckt es alles erstmal in den Mund?
☐ Greift es nach jedem erreichbaren Gegenstand?
☐ Schreit es, wenn es diesen nicht kriegen kann?
☐ Lächelt es, wenn du es anschaust?
☐ Ist es putzmunter, wenn du schlafen willst?
☐ Füllt es die Windeln schneller, als du sie wechseln kannst?
☐ Guckt es ganz seltsam, wenn deine Schwiegermutter es anschaut und »Lülülü!« macht?

Mehr als drei Treffer: Das Baby ist gesund.

Wann läuft es denn endlich?

»Meines läuft schon!«, verkündet stolz Vater A. »Und es ist gerade mal zehn Monate alt!« Das muss ein Wunderkind sein, aber die Frage bleibt: Wann läuft meines denn nun endlich?! Es sitzt immer nur auf seinem von einer dicken Windel gepolsterten Hinterteil und guckt gelassen in die Welt wie einst Buddha unter dem Bodhi-Baum. Mit stoischer Ruhe nuckelt es an seinem Fläschchen, schaut auf Mamas Tablet lustige Clips von acht Monate alten Babys an, die Hoverboard fahren oder in Puerto Escondido, Mexiko, auf den wilden Wellen des Pazifiks surfen. Es macht aber keinerlei Anstalten, die eigenen Beine auch nur krabbelnd zu benutzen.

Spätentwickler? Zerebrale Störung? Vater und Mutter grübeln verzweifelt, konsultieren den Kinderarzt und versuchen, das Kind wie einen jungen Hund mit Leckereien zu irgendwelchen Bewegungen zu motivieren, die langfristig doch noch zum aufrechten Gang führen könnten.

Dann eines Tages – Zack! – steht es auf und läuft, als hätte es nie etwas anderes getan. Doch ist eine Hürde erst mal genommen, baut sich schon die nächste vor dem Vater auf im ewigen Konkurrenzkampf um das tollste Kind der Welt: »Spricht es denn schon?«

Nix happa-happa, Papa!

Kindersprache ist lustig. *Wau-wau* für »Hund« und *Mau* für »Katze« gehört in die allgemeine alltägliche Sprachwolke, aber wenn das Baby *Lota!* kräht, sobald ein Flugzeug am Himmel erscheint, mit *Eicheneinchen* ein »Eichhörnchen« gemeint ist, aus dem *Settenkoroda* Musik erklingt und der Parkplatz plötzlich *Palata* heißt, freut sich Papa über seinen einfallsreichen Nachwuchs und das familiäre Kindersprech.

Unerfahrenere Väter fühlen sich verpflichtet, der kindlichen Kreativität und Eigenständigkeit auf die Sprünge zu helfen. Aber das ist doch pupslangweilig. Nein, nicht jedes Babywort, jede kindliche Wortschöpfung muss korrigiert werden. Manche Familien entwickeln ein komplett eigenes, kreatives Vokabular, so speziell wie die Sprache der Landstreicher und Vaganten.

Papsi munnu nidal pnö!

Was das bedeutet? Keine Ahnung. Es hört sich auf jeden Fall interessant an, doch eignet sich dieses Idiom wohl nicht für die Kommunikation mit dem Postboten.

Auch Sätze wie der Folgende hier sind durchaus keine Seltenheit: »Wenn du jetzt brav happa-happa machst und danach bubu, dann gehen wir beiden morgen teita und besuchen die Muh auf der Wiese ...«

Nicht nur der Großvater bringt solche Sprachmeisterwerke zu Gehör. Diese alte Babysprache, international-fachsprachlich *infant-directed speech* genannt und in allen modernen Sprachen präsent, ist zäh und überdauert schon Generationen in unseren Landen trotz aller Bemühungen von Vertreterinnen und Vertretern der reinen hochdeutschen Lehre. Ätschie-Bätschie! Und sie hat es bis in die Sprache der Journalisten geschafft, und das finden manche Kritiker *ganz, ganz* schlimm. Die schreibende Zunft sollte mal lieber etwas früher *Heia machen gehen* und am nächsten Morgen ausgeschlafen erkennen, dass sich das Adverb *sehr* in der Bedeutung *im hohen Maße* hervorragend zu Steigerungszwecken eignet und dass es deshalb *ganz, ganz* dumm ist, Wörter aus der Spielzeugkiste in die erwachsenen Medien zu befördern.

Kindersprache lebt übrigens an unglaublichen Orten: Da haben Mama und die Tochter doch tatsächlich eine *Mumu*, eine *Muschi* oder eine *Schnecki* statt einer Vagina oder Vulva zwischen den Beinen, während Papa und der Sohn des Hauses sich mit einem *Pimpal* oder *Schniedelwutz* behelfen müssen, obwohl sie beide doch eigentlich einen Penis verdient hätten.

Doch zurück zu den ganz konkreten Dingen des elterlichen Alltags.

Der Haushalts-Kompatibilitätstest

Dir als Vater steht auch die besondere Aufgabe zu, Kinder und Haushalt in Einklang zu bringen und die Frage zu beantworten: Passt unsere Wohnung zu unserem Kind? Es gibt nämlich durchaus gefährliche Inkompatibilitäten.

- ☐ Welche Geräte gibt es in der Küche, in denen das Baby verschwinden könnte?
- ☐ Kann man den Kühlschrank von innen öffnen?
- ☐ Sind Waschmaschine und Wäschetrockner als Raumkapseln geeignet?
- ☐ Welche Öffnungen hat mein Computer, in die das Baby etwas stecken könnte?
- ☐ Braucht meine italienische Kommode wirklich eine makellose Lackoberfläche? Oder: Brauche ich wirklich eine italienische Lackkommode?
- ☐ Welche Gegenstände und Substanzen in der Wohnung dürfen in den Mund des Babys gelangen? Welche nicht?
- ☐ Welche Gegenstände könnten durch Substanzen Schaden nehmen, die aus dem Mund des Babys kommen könnten?
- ☐ Bestehen Babys Windeln den Dichtheitstest auf eurem weißen Designersofa?

Und vorausschauend für kommende Jahre:

- ☐ Eignet sich das weiß-braun gefleckte Designersofa als Trampolin?

Weitere bekannte Inkompatibilitäten

Diese erweiterte Liste der Lebewesen und Gegenstände, die sich nicht gut mit dem Baby vertragen, solltest du als Vater kennen. Sie ist erstaunlich lang.

Schaden durch das Baby nehmen könnten nämlich auch:

- Luxuslimousinen,
- weißer Teppichboden und weiße Polstergarnitur,
- Gardinen jeder Form und Farbe,
- Blumengestecke samt Vase,
- Sammlungen antiker Gläser und Keramiken,
- Papiermodelle der Hagia Sophia oder des Kölner Doms,
- Datenbanken und Romanmanuskripte auf laufenden Computern,
- Haustiere, die nicht schnell genug sind.

Besonders schädlich für das Baby sind:

- zimmergroße Aquarien,
- Kettensägen und Schusswaffen,
- offene Steckdosen, besonders wenn Stricknadeln in der Nähe sind,
- Kampfhunde, die »nur spielen wollen«,
- übellaunige Miezekatzen,
- Süßigkeiten verteilende Tanten,

- Hausfrauen mit Putzfimmel,
- Sparschweine, die ihr Geld verlieren,
- Frauen, die unbedingt auch ein Baby haben wollen,
- (Schwieger-)Mütter, die Erziehungsexpertinnen sind.

Ich glaube, ich habe eine Windelallergie!

Nein, Papa, das Baby ist tatsächlich nicht ganz dicht. Wie schon angedeutet: Babys tragen Windeln, und die können enorme Mengen von Flüssigkeit aufsaugen, und wenn es da unten heraustropft, hast du, lieber Papa, die Wechselperiode nicht nur einmal überschritten, du erziehungsberechtigtes Ferkel!

Ja, du bist gern Vater, alles gut. Es gibt allerdings manche Dinge in der Vaterrolle, die dir stinken. Eine volle Windel zum Beispiel. Sie macht dich fertig, die volle Ladung mindestens zweimal am Tag und oft auch mitten in der Nacht. Als moderner Vater darfst du das aber gar nicht zugeben. Sonst bricht augenblicklich ein weiblicher – na, was? – Shitstorm über dich herein. Wenn es gar nicht geht, solltest du über Gegenmaßnahmen nachdenken.

- Vorweg gesagt: Vergiss die Sache mit der Windelallergie! Alle in Windeln verwendeten Materialien sind hypoallergen, keine Chance.

- Du könntest zwar vorgeben, dass du zwei linke Hände hast und aus lauter Angst, etwas falsch zu machen und dem Baby zu schaden, nicht entsorgungstechnisch tätig werden willst. Aber, moderner Vater, das glaubt dir keine moderne Mutter, die ja aus deinen Aktivitäten im Haushalt genau weiß, wie geschickt deine Hände sonst sind. Nein, du musst auch am Wickeltisch deinen Mann stehen und dich auch eventueller Kritik stellen.

- Du könntest bei der Wahrheit bleiben und, um Verständnis heischend, der Mutter und jedem, der es hören will, drastisch schildern, wie sich dir der Magen umdreht, deine Speiseröhre konvulsive Zuckungen vollführt, du ins Koma zu fallen drohst, umnebelt von Schwefelwasserstoffen, sobald du die Plastikfolie des Bösen geöffnet hast und dich die Duftwolke aus der kleinkindlichen Unterwelt umhüllt. Jedoch wird dich allenfalls ein »Du Armer!« moralisch bestärken, was du allerdings in Zweifel ziehst, wenn du dabei das maliziöse Lächeln im Gesicht deiner Liebsten bemerkst.

- Du könntest versuchen, dich in die alten Geschlechterrollen zu retten und zu erklären, das Windelwechseln sei Frauensache, denn schließlich seist du für das Autofahren, die Reparaturen im Haushalt, die häusliche IT-Konfiguration und das Geldverdienen zuständig, deine Frau dafür aber für Küche, Haushalt und Kindererziehung und angrenzende Themengebiete – eben auch für volle Windeln. Dummerweise hat deine Frau gerade die Rallye Monte Carlo gewonnen, du hast seit mehreren Monaten nichts mehr repariert, vor allem den losen Klodeckel nicht, euer WLAN-Password »Mucki123« kennt seit dem Straßenfest das halbe Stadtviertel, weil du zu faul bist, es zu ändern, und deine Frau verdient zu allem Überfluss deutlich mehr als du. Jetzt hast du tatsächlich die K… am Dampfen.

- Letzte Zuflucht: Du könntest oben auf dem Dachboden nachsehen, ob in den Kisten und Kästen, die dort seit der Wohnungsauflösung von Opa Winfried lagern, noch eine Gasmaske aus dem Zweiten Weltkrieg zu finden ist. Falls nicht, könntest du dir ein neueres Modell im Internet bestellen.

- Was reden wir hier lange herum? Mach es, Weichei!

Es hat so merkwürdige rote Flecken …

Männer und Krankheiten – das ist so eine Sache. Sie schwanken, was Probleme mit ihrer eigenen Gesundheit betrifft, zwischen Selbsttherapie und schierer Verzweiflung. Die Selbsttherapie beginnt meist mit etwas Alkoholischem, die schiere Verzweiflung schon bei einem Schnupfen. Es dürfte dir klar sein, dass diese Einstellung für einen Vater mit einem kranken Kind kaum der richtige Weg ist. Deshalb hier eine kurze Einführung in die rätselhafte Welt der Kinderkrankheiten:

- Eine ganze Menge Ärger mit Kinderkrankheiten kannst du dir und deiner Familie ersparen, wenn du dein Kind impfen lässt. Impfgegner handeln unverantwortlich und oft lebensgefährlich für ihr Kind. Du hast Angst vor Spritzen? Willst du das wirklich dem Kinderarzt gegenüber zugeben?

- Gut, ja, Kinder werden oft krank, aber meist ist es harmlos, hast du mal gehört. Sie sollen blitzschnell Fieberwerte erreichen, die für einen Erwachsenen lebensgefährlich wären. Kein Grund zur Beunruhigung für einen coolen Vater wie dich! Von wegen! Wenn das Kind deutlich angeschlagen oder apathisch wirkt, muss ein verantwortungsvoller Vater genauso alarmiert sein wie die Mutter, zumal einige Krankheiten auch auf dich überspringen können.

- Mumps zum Beispiel kann dich deine Zeugungsfähigkeit kosten, die dir allerdings nach den augenblicklichen Erfahrungen nicht unbedingt fehlen würde ... Geh also nicht erst zum Arzt, wenn du selber schon rote Flecken bekommst.

- Apropos Ansteckung: Die interessante Auswahl an Keimen und Erregern, die dein Baby mit sich tragen könnte, eignet sich auch als Abwehrwaffe gegen die Erwachsenen, die deinem Kind ständig mit ihren dicken Stinkefingern im Gesicht herumkrabbeln. Warne die Babygrabscher eindringlich: »Es könnte gerade eine ansteckende, auch auf Erwachsene übertragbare Kinderkrankheit haben.«

- Wenn ein Kind krank ist: So verlockend es ist, lass die Kindsmutter nicht alles machen! Willst du sie wirklich allein die Lorbeeren ernten lassen, das Kind durch seine erste ordentliche Erkältung gebracht zu haben? Deine Karriere wird keinen Knick bekommen, wenn du einmal wegen eines kranken Kindes zu Hause bleibst. Im Gegenteil – moderne Arbeitgeber schätzen deine soziale Kompetenz – nicht nur als Stimmungskanone auf dem Betriebsausflug. Eine echte Win-win-Situation also, wäre da nicht dieses rotzige, jammernde Kind ...

Wenn du schon mal Krankenwache hältst und neben dem IKEA Kinderbett »Gutvik« auf die Gesundung deines Nachwuchses wartest, solltest du dich von den unweigerlich auftretenden Horrorszenarien deiner Fantasie ablenken. Du könntest zum Beispiel diese Zeit für die familiäre Mobilitätsplanung nutzen …

Immer hinterm Trend herjoggen?

Als Mann im Haus bist du für die Fahrzeuge zuständig? Dann wartet eine große Aufgabe auf dich. Nein, du sollst der frischgebackenen Mutter kein neues Cabrio schenken, denn vermutlich ist die Familienkasse etwas strapaziert. Nachwuchs kostet, wie du bereits gelernt hast, Geld. Jetzt geht es darum, den optimalen Kinderwagen zu kaufen, und das kann, wenn man(n) sich ungeschickt anstellt, auch schon mal ein vierstelliges Loch ins Budget reißen.

Früher holte man einfach den Kinderwagen vom Dachboden, in dem man schon selbst gelegen hatte und fertig. Anders als bei automobilen Oldtimern gelten aber die Modelle von 1960 bis 1980 zwar als schick – jedoch nur, wenn sie bloß alt aussehen, so mit großen Speichenrädern und viel Metall, sonst aber jede technische Spielerei mit sich bringen, weil sie funkelnagelneu sind.

Diese Pseudo-Vintage-Karren sind übrigens die teuersten Varianten unter den Hipsterkinderwagen. Also nichts mit den echten Oldtimern, wobei sich deine Frau ziemlich sicher schon bedanken würde, wenn ihr mit einem Modell von 1995 in der Jungfamilienszene auftreten müsstet. Außerdem hat der technische Fortschritt bei Kinderwagen einige Neuerungen gebracht:

Vor der Jahrtausendwende kam niemand auf die Idee, mit dem Kinderwagen joggen zu gehen. Das war auch gut so, denn mit einem herkömmlichen Kinderwagen hätten gefährliche Unfälle passieren können, weil die Vorderräder vor jedem Hindernis blockiert hätten und der Mensch an der Lenkstange auf den Wagen gestürzt wäre. Dann war plötzlich alles anders. Die Hersteller von Kinderwagen reagierten auf die Kundenwünsche, ihre Produkte hatten plötzlich größere Räder, dafür aber statt vier nur noch drei, eines vorn, zwei hinten, Männer und Frauen mit luftgefederten Sneakers und Schweißbändern in Schockfarben *cruisten*, ein solches utopisches Fahrzeug vor sich, durch die Fußgängerzonen der Innenstädte, beschleunigten ihren Nachwuchs im Wagen auf nie gekannte Geschwindigkeiten, bremsten dann wieder Kind und Karre mit der eingebauten Trommelbremse und ihren rallyetauglichen Verzögerungswerten und schreckten auch vor Pfützen und Geländepassagen im Stadtpark nicht zurück. Eigentlich hätten in dieser Phase Hosenträgergurte für Babys Pflicht werden müssen. Auf jeden Fall gelangten Mediziner und Pädagogen zu der Erkenntnis, dass ein Baby mindestens neun Monate alt sein muss, damit es nicht Schaden durch die Erschütterungen solcher Aktionen nimmt. Das gilt übrigens heute noch. Kinder werden nicht wie das Glas auf deinem Mobiltelefon mit jeder Generation widerstandsfähiger – das Gorillakind 3 fehlt noch.

- Was mit dem Joggen begann, mündete in die Outdoor-Bewegung. Wandernde junge Familien und Trekkingfans schieben Kinderwagen mit großen Rädern auch durch schweres Gelände, mischen sich unter Mountainbikes und Enduros, bewegen sich auf Pfaden, die vom sauerländischen Gebirgsverein als leichte Bergtouren zertifiziert sind.

- Bei der Anschaffung des Kinderwagens solltest du also bedenken: Spazieren gehen tut niemand mehr. Überlegenswert ist in diesem Zusammenhang auch, in welche Richtung das Kind im Wagen guckt. Nach vorn, immer das Gelände und das nächste Hindernis vor Augen und ohne beruhigenden väterlichen Blick? Oder immer in Blickkontakt mit dir, so dass du sofort erkennst, auf welchem Level von Angst und Schrecken sich dein Nachwuchs gerade befindet, ob es noch lacht und ob du gegebenenfalls etwas Gas wegnehmen musst.

- Du lebst in der Stadt und scheust auch vor kindlicher Begleitung in vollen Einkaufspassagen, bei Sportveranstaltungen, Demonstrationen und anderen Menschenansammlungen nicht zurück? Kauf ein kleineres, leichtes Modell, mit dem du besser manövrieren kannst.

- Bei der Wahl deines Automobils denkst du, dass nur Radstand und Hubraum wahre Bequemlichkeit bringen? So verhält es sich auch mit Kinderwagen. Dein Baby wird sicher ein großes komfortables Fahrzeug vorziehen. Denke aber bitte daran, dass du genau das bist, was man beim Auto den Motor nennt.

- Über die begrenzten Kräfte von Vätern und Müttern solltest du auch nachdenken, wenn du in einer Stadtwohnung im dritten oder vierten Stock zu Hause bist und ohne Aufzug jeden Tag ein tonnenschweres Gefährt nach oben schleppen müsstest – wenn du nicht einen Kinderwagen mit leicht abnehmbarer Babywanne wählst. Es gibt sogar solche mit Babyschale. Weil Kinder besonders gern im Auto einschlafen, hast du damit zudem den Vorteil, dass du nach einem Ausflug das pennende Jungmonster transportieren kannst, ohne es aufzuwecken.

- Noch ein Aspekt: Die Begeisterung deiner Frau für dein tiefer gelegtes Auto mag dir erst die Möglichkeit verschafft haben, dich zu vermehren (so einen

Quatsch glauben manche Männer), ein tiefer gelegter Kinderwagen geht aufs Kreuz. In der Höhe verstellbare Griffe sind ein Muss, auch weil deine Frau vielleicht kleiner ist als du oder umgekehrt. Praktisch: Wenn du später drei oder vier Kinder hast, kannst du die Griffe in die niedrigste Position stellen und die älteren Geschwister zum Schieben von Brüderchen oder Schwesterchen motivieren. Die freuen sich sogar noch darüber – anfangs zumindest … Dann beginnen sie, wilde Verfolgungsjagden damit zu spielen.

● Eigentlich müsstest du irgendwann in einem Sommer gelernt haben, dass ein zusammenklappbarer Liegestuhl sehr schnell zu einem Intelligenztest im Bereich räumliches Denken werden kann und gequetschte Finger durchaus vorkommen können. Auch ein Kinderwagen lässt sich zusammen- und wieder auseinanderfalten, damit du ihn ins Auto packen kannst. Versuche es testweise – es gibt durchaus Modelle, die deiner geistigen Kapazität entsprechen.

● Wenn wir schon einmal bei der Reflexion – wenn auch im gedanklich-philosophischen Sinne – sind: Reflektoren an deinem Kinderwagen können nicht schaden, zumal du vermutlich das Modell in Spacegrau oder Audi-Schwarz genommen hast. Schließlich soll euer Kinderwagen ja auch stylisch aussehen. Mit Katzenaugen bleiben du und der Kinderwagen auch an dunklen Winternachmittagen im finsteren Viertel hinter dem Bahndamm gut sichtbar.

Mein Baby macht mich fertig!

Du brauchst dringend eine Auszeit? Wende dich doch einfach an den Ortsverein Pädagogischer Assistenten (OPA). Dort wird dein Baby mit offenen Armen und großer Begeisterung empfangen und bespaßt werden – zumindest für ein paar Stunden … Es kommt vermutlich total verwöhnt zurück und verlangt laut schreiend nach besserem Service …

2 BIS 5 JAHRE: DAS KLEINKIND

Läuft. Das Familienleben und das Kind – und zwar richtig. Jetzt brechen neue Zeitalter an, vieles ist erreichbar geworden und manchmal denkst du: viel zu vieles. Schränke müssen verschlossen, Treppen gesichert, Wertsachen versteckt und Worte sorgfältig gewählt werden. Schließlich spricht der Nachwuchs ja jetzt, oder zumindest lernt es das Sprechen. Was es jetzt hört, prägt sich fürs Leben ein. Schluss mit knackigen Schimpfworten und schmutzigen Witzen. Das bedeutet quasi Hausverbot für deinen Freund Nico, den verfickten Hurensohn. Oh, das war jetzt wohl auch das letzte Mal.

Apropos lernen: Während du Verhinderungsstrategien reflektierst, ist deine Frau auf ganz anderen Wegen unterwegs. Bis zum Abitur sind es nur noch knappe 18 Jahre, donkt die engagierte Mutter.

120 Prozent Leistung mit
dem Super-Coach!

Wer heute noch Karriere machen will, muss früh anfangen. Das wissen alle Helikopter-Eltern, die beginnend in dieser Entwicklungsphase das Kind 24/7 fördernd begleiten. Überlege dir gut, ob du Teil der Besatzung eines solchen Elite-Choppers werden möchtest.

Helikopter-Eltern fahren ihre Kinder zur Schule, tragen ihnen die Schultasche, begleiten sie auf jedem Schritt, lassen den Nachwuchs nichts entscheiden, mischen sich in alle Schulangelegenheiten ein und produzieren so unselbständige, genervte und gelangweilte Kinder – mit besten Bewertungen und Zeugnisnoten.

Mütter sollen dabei besonders engagiert vorgehen. Immer die Karriere des Kindes im Blick, kämpfen sie um den besten Platz bereits in der Kita. Sie attackieren später Grundschul- und Gymnasiallehrer, wenn der Notendurchschnitt in Gefahr ist, – und dich, weil du im Nachhilfe-Bootcamp versagst, du pädagogischer Vollpfosten.

Helikopter-Mütter stopfen den Terminkalender des Nachwuchses bis auf die letzte Minute voll und fahren das Kind vom Klavierunterricht am Konzertflügel zum Kinderturnen, zum Tennisplatz, zur Mathematiknachhilfe, zur Feldenkrais-Gruppe, zum Fußballverein (unendlich wichtig für spätere Kommunalpolitiker!) und zu den Kursen in Hochchinesisch, Schach und objektorientiertem Programmieren in Java. Wusstest du eigentlich, dass Kinder schon zwischen null und drei Jahren ganz natürlich zwei bis drei Sprachen lernen können? Wusstest du übrigens, dass Kleinkinder in der Schweiz bereits kurz nach ihrem vierten Geburtstag eingeschult werden, wenn die Eltern es wollen? Da geht es früh los mit der Erfolgslaufbahn.

Rücksichtslos opfert manche heldenhafte Mutter sich und die Kindheit ihres Kindes für eine glänzende Zukunft – könnte man glauben. Eigentlich hat sie nur Angst, als Mutter zu versagen, und deine Aufgabe als Vater ist es … äh … ja … Welche eigentlich?

Wenn du nicht aufpasst, wirst du den verantwortungsvollen Posten eines Pausenbrotbelegungsassistenten bekleiden. Oder du darfst die regelmäßige Wartung ihres SUVs übernehmen, sie macht ja Kilometer ohne Ende. Ist schon eine tolle Frau, so eine Helikopter-Mutter.

Welche Strafe steht eigentlich auf Kindesentziehung?

Machen wir lieber mit einem Themenkreis weiter, in dem die jungen Väter allerdings meist auch nicht viel zu melden haben.

Papa und die Mode

Väter kämpfen in Familiendingen auf manchen Gebieten gegen ihr eigenes massives Desinteresse, das vermutlich genetisch oder hormonell bedingt ist. Zum Beispiel die Kindermode: Während für Mütter ihre Kinder als Models nach außen hin die Familie modisch repräsentieren und sie ihre Töchter gern mal die Prinzessin spielen lassen, die sie nie sein durften, ist das Outfit der lieben Kleinen den meisten Vätern schnurzpiepegal. Nur teuer darf es nicht sein. Satte 49 Euro soll ein T-Shirt für die Tochter kosten? Dafür bekommt Papa locker zwei Hosen, die dann auch die nächsten 15 Jahre halten. Nicht mit ihm!

Ein Vorausgriff auf die frühen Teenagerjahre: Es gibt natürlich gewisse Ausnahmen: Mit Sicherheit reagiert ein Vater auf das Gejammer seines Sohnes, der zum Opfer des Markenterrors zu werden droht und dessen Ansehen unter seinen Freunden in Gefahr ist.

»Eyh, Papa, ohne Nike is echt asi!«

»Ja, mein Sohn, ich weiß, deine Trainingshose muss das korrekte Logo tragen.«

Als Mann verstehst du das. Du würdest dich ja privat auch nie mit der falschen Automarke sehen lassen. Schlimm genug, dass du in deinem Firmenwagen unter dem Papa-mit-Hut-Image zu leiden hast. Der Junge braucht das korrekte Outfit, wie steht er sonst da im Team? Da kann so eine French-Terry-Hose schon mal 130 Euro kosten.

Geht's noch, Alter?

Das Ende deiner Erziehung

Wie wir ja gerade in Modefragen festgestellt haben, merkst du in dieser Phase üblicherweise, dass du erhebliche

Schwierigkeiten hast, sinnvolle Regeln für deine Kinder aufzustellen. Gut, es mag ein paar Menschen geben, die dir dabei helfen können, ein besserer Vater zu werden. Andere wiederum – und sie befinden sich ganz in deiner Nähe – können dir die ganze Erziehung versauen: die Großeltern.

Gleich zu viert versuchen sie, die elterlichen Maßnahmen zu untergraben. Dir stehen die Haare zu Berge, wenn du nur daran denkst:

- Du bist für gesunde Ernährung und möchtest weder Cola noch Limonade im Kühlschrank? Kein Problem für die Kleinen, zu Besuch bei Opa und Oma können sie literweise nachtanken.

- Süßigkeiten sind schlecht für die Zähne und überhaupt ungesund? Alles Quatsch, sagt Opa, Kinder brauchen was zum Schleckern. Immer. Jeden Tag. Deshalb gibt es bei Oma und Opa so eine Schublade, die ist randvoll mit Schokoriegeln, Gummibärchen, Center Shocks, Lachgummis und Butterfingern, Muh-Muhs, Mentos, Chupa Chups und den längsten Pralinen der Welt. Opa mag so etwas auch ganz gerne und kann sich deshalb morgens mühelos in seinem Zuckerspiegel rasieren.

- Es gibt gewisse, von dir und der Mutter festgelegte Regeln, was den Medienkonsum betrifft, Maximalzeiten zum Beispiel. Kein Fernsehen beim Essen.

Frühstücksfernsehen ist tabu. Opa und Oma sind cool – bei ihnen zu Besuch dürfen die Kinder alles gucken, auch mal einen Tatort oder einen Horrorstreifen, wenn Opa gerade mal wieder vor der Glotze eingepennt ist.

- Mithilfe im Haushalt? Überflüssig, dafür ist ja Oma da. Benutztes Spielzeug wegräumen? Komisch, bei Oma und Opa verschwindet es immer ganz von alleine.

Es ist zum Auswachsen, wie die Vorgängergeneration deine väterlichen Bemühungen unterläuft! Aber mal ehrlich, Superpapa: Wie war das damals mit deiner Oma und dem Abend vor dem Fernseher, eingekuschelt in eine Wolldecke, neben dir eine Tasse Kakao extrastark? Und Opas Karamellbonbons – sind sie nicht fester Bestandteil deiner Kindheitserinnerungen?

Allein unter Aliens? – Als Vater auf dem Spielplatz

Auf einem öffentlichen Spielplatz herrschen dieselben Verhältnisse wie im Aufsichtsrat eines Konzerns, nur umgekehrt: Auf einen Mann kommen 24 Frauen. Und es sind Mütter mit Kleinkindern, die sich seit Ewigkeiten kennen. Vermutlich haben sie sich schon vor ihrer Schwangerschaft über typisch weibliche Probleme ausgetauscht. Eisprünge, morgendliche Übelkeit, einschießende Milch. Augenblicklich geht es um Schwangerschaftsstreifen. Du hast allenfalls Bindegewebsschwäche an deinem Hopfengeschwür. Mach dir keine Illusionen, du einfühlsames Männchen, in der weiblichen Liga kannst du nicht mitmischen.

- Zu keinem Zeitpunkt während der Schwangerschaft war dir schlecht, und wenn ja, dann nur, weil du mit deinen Kumpels deinen Abschied vom kinderlosen Dasein zwei- bis dreimal zu oft gefeiert hast.

- Falls du im neunten Schwangerschaftsmonat beim Treppensteigen aus der Puste kamst, dann auch schon im sechsten, siebten und achten. Ursache dafür könnte dein jämmerlicher Fitnesszustand sein, der dich auch ohne Schwangerschaft in Atemnot bringt.

- Deine Bevorratung mit Nahrungsmitteln in Tupperware wird nie den erforderlichen DSPS (Deutscher Spielplatz-Proviant-Standard) erreichen. Sei dir sicher, dass dein Nachwuchs sich aller Wahrscheinlichkeit nach bei den Müttern anderer Kinder durchfressen wird.

- Wenn es dich schon auf die Spielplätze treibt, solltest du dich inhaltlich darauf vorbereiten wie auf ein

Vorstellungsgespräch für eine extrem attraktive Position. Zum Beispiel muss die Antwort auf die Frage »Wie haben Sie Ihre Frau denn kennengelernt?« wie aus der Pistole geschossen kommen. Leg dir eine besonders romantische Version zurecht, das steigert deinen SSK (Sozialer Spielplatz-Koeffizient).

- Wenn du als allein erziehender Vater den Spielplatz zum erotischen Jagdrevier machen willst, solltest du dir eine Modeberaterin nehmen. Underdressed (ausgebeulter Trainingsanzug) oder overdressed (Armani-Jackett überm Kaschmirpullover) kriegst du kein Date hin. Der moderne Vater trägt zum Hoodie von Jack & Jones natürlich Under Armour Matchplay Pants. Den frischen Klecks Babybrei auf der Hose nicht vergessen! Dein Nachwuchs ist für dieses Vorhaben eher hinderlich, unerzogen, wie er ist. Ein junger Hund wäre hilfreicher.

- Du kannst dich auch ohne all diese Überlegungen einfach auf einen Spielplatz begeben, dich auf eine Bank setzen und deiner Tochter oder deinem Sohn beim Spielen zuschauen. Auf ihr Sandspielzeug passen die Kinder schon allein auf. Allerdings wird man dich dann vermutlich aus misstrauischen Augen sorgfältig beobachten. Was will ein Mann so allein auf dem Spielplatz? Womöglich führt er was im Schilde? Da musst du leider durch.

6 BIS 12 JAHRE: DAS SCHULKIND

Dieser Termin erfüllt dich mit väterlichem Stolz: Dein Kind wird jetzt eingeschult, eine neue Lebensphase beginnt! Komm runter, denn anders gesagt, sieht die Sache so aus: Neuer Ärger kommt auf dich zu. Es beginnt mit einem relativ kleinen Problem ...

Käufer oder Kleber?

Manche gesellschaftliche Wertung ist nicht auf den ersten Blick einleuchtend, und wenn es um die Schultüte geht, erreichst du genau so einen Punkt. Was für die einen Standard ist, kommt für die anderen nicht in die Tüte.

Die Welt teilt sich, was Schultüten angeht, in zwei Fraktionen: die Tütenkäufer und die Tütenkleber. Dabei ist die gesellschaftliche Zuordnung von Käufern und Klebern ausgesprochen diffizil. Wer die Käufer unter der kulturell einfach gestrickten, konsumorientierten Landbevölkerung vermutet – Kegelclub, Gesangverein, Freiwillige Feuerwehr, Ernährung auf der Basis von Bier und Frikadellen – und die Kleber im angesagten Viertel der Großstadt – Grün- oder Rotwähler, Reformhaus, Achtsamkeitskurs beim örtlichen Guru – liegt völlig falsch. Kein Mensch kann genau sagen, warum und von wem Schultüten gekauft oder selbst gemacht werden. Die Elternschaft teilt sich hier wie dort auf in bequeme Tütenkäufer und kreative Tütenkleber. Allerdings dominiert zunehmend die selbst gemachte Schultüte – warum auch immer.

Der Schultypen-Globus hat also zwei Pole: hier die zusammengeklebten Papprohre voller Obst, staubtrockenen Reiswaffeln und Müsliriegeln, dort die glänzenden Hypertüten mit Plüschapplikationen und rosa Einhornmotiven, deren hochkalorischer Inhalt (98 Prozent Zucker) eine Familie bei einem Angriff der Russen notfalls über vier Wochen am Leben erhalten könnte und den Lebensunterhalt für eine durchschnittliche Zahnarztpraxis über Jahre sichert.

Wie gesagt, die Tütenkäufer geraten langsam ins Hintertreffen, es steht zu befürchten, dass irgendwann die zuckerhassende, selbst bastelnde Zunft den Sieg davonträgt – oder dass irgendein Lebensmittelkonzern die gluten-, zucker- und laktosefreie Ökotüte herausbringt.

Eine Sache solltest du als engagierter Vater allerdings im Auge behalten: den Inhalt der Tüten, ob gekauft oder gebastelt. Überlege dir genau, was du hineinpackst, wenn du nicht eine bereits gefüllte Tüte erworben hast.

Wenn du es mit der Gesundheit übertreibst, werden deine Kinder in den ersten Stunden nach dem Großereignis ihrer Einschulung versuchen, den urgesunden Inhalt ihrer Tüten gegen echte Süßigkeiten einzutauschen und dabei wichtige Erfahrungen machen, nämlich echte Freundschaften schließen – Zuneigung bekommt man schon für einen einfachen Schokoriegel – oder nachhaltige Erzfeindschaften aufbauen (»Ne Reiswaffel gegen meinen Muffin? Ich bin doch nicht blöd!«), die sie während der ganzen Schulzeit pflegen können.

Die Geschichte mit der Tüte ist eigentlich Nebensache – andere Dinge sind viel wichtiger beim Schaulaufen zur Einschulung …

Viel wichtiger: die richtigen Klamotten

Es herrscht massiver Markenstress bei der Einschulung: In der modernen Familie trägt heute schon das Baby Streetwear von Oilily, Gucci oder Moschino – man muss ja schließlich zeigen, wer man ist! Du möchtest da mitmischen? Vorausschauende Väter verbringen vor der Einschulung ihrer Kinder ein paar Nachmittage auf dem Abenteuerspielplatz und lauschen den Gesprächen der dort kommunizieren Mütter. Einfach alle zufällig gedroppten Markennamen notieren und ab zum Einkaufen!

Wobei: Wenn das Schulleben erst einmal in Schwung kommt, bedeuten derartige Äußerlichkeiten für den engagierten Vater letztlich doch nur noch am Rande etwas.

Alles Hochbegabte!

Hast du auch das eine oder andere Genie zu Hause? Lehrer und Lehrerinnen hören es jeden Tag: »Meine Tochter ist ja so was von hochbegabt!« oder »Scheiße, ist mein Sohn intelligent! Von mir hat er das nicht!«

Gehörst du auch zu den Vätern, die jeden Tag den Kampf gegen unqualifizierte Pädagogen und ein Schulsystem führen, das, sagen wir einmal … individuelle Intelligenz unterdrückt? Sind deine Sprösslinge nicht stinkefaul, sondern einfach nur vollkommen unterfordert mit den Aufgaben, die man ihnen stellt? Gewöhnlich gut unterrichtende Kreise weisen darauf hin, dass die seltsame Individualität nur ganz weniger Kinder tatsächlich etwas mit Intelligenz zu tun hat, dass aber in 95 Prozent aller Fälle der Nachwuchs schlicht und einfach begriffsstutzig, minderbemittelt, unterbelichtet, strohdumm oder sogar gehirnamputiert genannt werden muss oder sich durch ein maßloses Desinteresse an schulischen Inhalten auszeichnet. Nein, manchmal ist das Kind einfach kein hochbegabter Autist, sondern schlichtweg doof. Das zumindest belegen in vielen Fällen die Unterrichtspraxis und das Schulverhalten:

- Wenn dein Kind auf einem Fragebogen den Beruf seines Vaters mit »Di Plomingenör« angibt, wird es selbst diesen Beruf aller Wahrscheinlichkeit nicht ausüben.

- Sollte dein Sohn im Mathematikunterricht $7 \times 7 = 36$ rechnen, begründet er damit in der Regel keine neue Mathematik, sondern eher Zweifel an seiner Hirnleistung.

- Wenn deine Tochter dasselbe Wort in einem Diktat fünfmal unterschiedlich buchstabiert, ist das keine *Slam Poetry* und sie ist keine kreative Lyrikerin, sondern bestenfalls eine begnadete Legasthenikerin.

- Wenn du über die häuslichen Leistungen deines Sohnes berichtest: »Er schafft seine Hausaufgaben in fünf Minuten!« werden zuständige Pädagogen vermutlich mit dem Satz antworten: »Ja, so sehen die dann aber auch aus!«

- Wenn dein Nachwuchs den Chemieraum mit dem Duft nach faulen Eiern, erzeugt durch Schwefelwasserstoff, tagelang unbrauchbar macht, handelt es sich nicht um die praktische Anwendung erworbenen Wissenschaftswissens, sondern um die banalen Folgen einer subversiven Anleitung im Internet.

Zu viel negative Energie, dir stinkt's? Wechseln wir das (leidige) Thema: Schulstress braucht Ausgleich.

Mäuse, Hamster, Pony, Hund und Katze

Frisch eingeschulte Kinder wollen Haustiere. Nein, sicher nicht nur, um den Frust in der Schule an ihnen auszulassen. Überlege dir dennoch gut, ob du ihren Wünschen Folge leisten willst. Das soll jetzt hier kein Ratgeber »Welches Haustier für wen?« werden. Aber ein paar Hinweise könnten schon wichtig für dich sein. Über die Schattenseiten, die absonderlichen Freuden der chaotischen Haustierhaltung bist du ja hoffentlich informiert. Nicht?

Nun gut, noch einmal ganz von vorne …

* Kinder sind zu den unglaublichsten Versprechungen bereit, wenn es darum geht, ein Haustier anzuschaffen. Sie versprechen, regelmäßig mit dem Hund Gassi zu gehen, das Katzenklo zu reinigen, den Käfig der Meerschweinchen sauber zu halten und kranke Tiere, wenn es sein muss, auf dem Fahrrad zum Tierarzt zu fahren. Die Kosten wollen sie von ihrem Taschengeld zahlen.

* Die unglaublichen Versprechungen gelten nur für eine unglaublich kurze Zeit. Das Interesse an Haus-

tieren ist bei Kindern stets extrem kurz. Der kindlichen Motivationsspanne entsprechend bist du es oder die Kindsmutter, die bereits nach sechs Wochen regelmäßig und auch bei mittleren Tornados mit dem Hund Gassi geht, unglaubliche Mengen an Katzenscheiße entsorgt, im völlig verdreckten Käfig nach den Meerschweinchen sucht, hormonell extrem motivierte Exemplare an der Vermehrung hindert und Tiere mit Besorgnis erregenden Krankheiten und Gebrechen zum Tierarzt fährt. Bei der Begleichung der Honorare hilft eine zweite Hypothek aufs Haus.

❧ Beim Tierarzt hast du dann das Vergnügen, einen Wartezimmerrekord aufzustellen. Nicht einmal beim Facharzt für Neurochirurgie oder beim Proktologen sitzt du so lange im Wartezimmer wie bei einem Tierarzt. Immerhin hast du das Vergnügen, Stunde um Stunde unter abnormen Exemplaren und Exoten zu verbringen – und dann sind da ja auch noch die Haustiere. Ihr Spektrum reicht vom Goldfisch, Chinchilla und Wüstenspringmaus über die giftreduzierte Kobra bis zum Nilwaran. Gäbe es Mini-Nilpferde oder geklonte Haussaurier, du würdest sie mit Sicherheit in großer Zahl bei deinem Tierarzt treffen.

Zurück zu deinen eigenen Haustieranschaffungen. Wenn du schon ein Haustier anschaffen musst, solltest du die folgenden Überlegungen berücksichtigen – selbst wenn du dir dadurch den Unmut deiner Kinder zuziehst.

- Höre nicht auf Kinderwünsche nach Exotik. Sonst bist du es, der in der ganzen Stadt nach dem Spezialfutter für euren Grottenolm sucht, im Internet einen Paarungspartner für euer Alpaka finden und für die Behandlung einer total unbekannten Superseuche eures Schabrackentapirs aufkommen muss.

- Fische sind gut. Weder bellen noch miauen sie, du findest weder Haare noch Federn noch Schuppen im Frühstücksmüsli oder auf deinem Sofakissen. Es gibt Futterautomaten und wenn du Glück hast, reinigt sich das Aquarium selbst. Wenn nicht, Pech für die Fische.

- Die meisten Kleintiere wie Mäuse und Ratten sind – wie das Interesse deiner Kinder an ihnen – ausgesprochen kurzlebig. Das ist einerseits gut, weil oft mit dem Ende des ersten Exemplars auch das Interesse an seiner Haltung beerdigt werden kann. Kleinere Haustiere darf man übrigens im eigenen Garten begraben. Der Vorteil des raschen Verschwindens hat allerdings auch seine Nachteile: Schließlich musst du deine Kinder, zum Teil auch die Mutter, dann wochen- und monatelang in ihrer Trauer begleiten – und, wenn du Pech hast, möglichst schnell Nachschub besorgen. Zudem wird die Kurzlebigkeit durch die hohe Reproduktionsrate dieser Tierarten infrage gestellt. In den wenigen Monaten, in denen sie auf Erden verweilen, rammeln, pimpern und poppen die Viecher, als ob es kein Morgen gäbe – gibt es ja auch für viele von ihnen nicht. Sie produzieren Dutzende, wenn nicht gar Hunderte von Nachkommen, die dir und deiner Familie dann die Haare vom Kopf fressen – und wieder sterben. Eine Familie, die über Monate ausschließlich schwarze Kleidung trägt, hat zu Hause vermutlich 16 Ratten und 425 Farbmäuse. Es ist anzunehmen, dass der Garten ihres Hauses dem Friedhof Père Lachaise in Paris ähnelt, nur dass die Grabmonumente für die bedeutendsten Mauslieblinge und Kuschelratten selbst gebastelt sind.

● Vorsicht vor Ausnahmen unter den Kleintieren: Degus werden mühelos acht Jahre alt, Chinchillas sogar 20 Jahre. Angeschafft zu dem Zeitpunkt, als dein Sohn oder deine Tochter sechs Jahre alt waren, leben die Viecher noch, wenn der Nachwuchs sein Studium beendet – vermutlich aber nicht in der Studentenwohnung, sondern noch immer unter deiner Obhut …

- Von der Anschaffung eines Hundes muss dir als jungem Vater dringend abgeraten werden, besonders dann, wenn du in der Stadt lebst. Mal dir nur die eine oder andere albtraumhafte Extremsituation aus: Du stehst im strömenden Regen im Stadtpark, dein Kind trocken und warm im Kinderwagen unter dem Universal-Komfort-Regenschutz, aber dein Hund schickt sich an, ein schönes neues Exkrementalbauwerk auf die Picknickwiese zu setzen und du hast den Beutel für die Entsorgung zu Hause vergessen. Ein Jogger tritt auf die falsche Stelle und kommt ins Rutschen, 16 Spaziergänger …

- Zwischenfrage: Warum laufen 16 Spaziergänger im strömenden Regen herum?, fragst du dich jetzt sicher – Entschuldigung, ich brauche sie gerade für die Dramaturgie, das muss jetzt einfach sein, sonst wirkt die ganze Konstruktion noch unglaubwürdiger. Also …

- … ein Jogger tritt auf die falsche Stelle und kommt ins Rutschen, 16 Spaziergänger, die im Folgenden in das Meisterwerk treten, verfluchen dich bis an dein Lebensende und werfen mit ziemlich amorphen, stark duftenden Gegenständen nach dir, deinem Kind und deinem Hund, während du, das jaulende Haustier an der Leine hinter dir herschleifend, zu entkommen suchst.

- Weitere Hundekatastrophen: das umgegrabene Rosenbeet der Nachbarin, Bisswunden, umgestürzte Tanklastzüge und so weiter.

Fazit: Schafft euch doch lieber eine Katze an – oder ein zweites Kind.

So, das war anstrengend. Auch ein junger Vater braucht hin und wieder eine gedankliche Pause – vor dem Fernseher…

Der Bildschirm-Krieg

»Tatort«? »Polizeiruf 110«? Deine Kinder meinen zu Recht, dass du Steinzeitserien guckst, Produktionen aus der Zeit, als Fernseher noch mit Dampf betrieben wurden. Du findest das empörend? Denk mal darüber nach, was deine Eltern über den Bildschirm flimmern ließen und was du darüber gesagt oder zumindest gedacht hast. Schlimmer noch: Opa guckte Krimis wie die hochgelobte »Stahlnetz«-Reihe, »Miami Vice« oder andere Straßenfeger von damals. Sie waren vor allem eines: dermaßen langsam …

Ähnliches gilt für Uralt-Western, Spielfilme und Serien wie »Bonanza« oder »Am Berg der blauen Füße«, von deinen Eltern, Großeltern und dem Neandertaler mit Kultstatus bewertet.

Du selbst nostalgierst vermutlich bei amerikanischen Serien wie »How I Met Your Mother«, »Southpark« oder

»Big Bang Theory«. Oder bist du bei den »Simpsons« oder gar bei »Spongebob Schwammkopf« hängen geblieben? Alles unmöglicher Schrott, finden deine heranwachsenden Kinder. Eingespielte Lacher, grottenschlechte Gags, kein einziges Massaker pro Folge, null Leichen pro Minute und überhaupt kein Blut. Filme, besonders im Comedy-Bereich, die heute nicht einen Gag pro Sekunde und mindestens 30 Schnitte pro Minute vorweisen können, bringen junge Zuschauer zum Einschlafen. Erwachsene wie du faseln etwas von flackernden Bildern und nervigem Gequatsche, auch weil sie den schnellen Dialogen geistig überhaupt nicht mehr folgen können – oder wollen. Der Versuch erübrigt sich. In Zeitlupe abgespielt, würdest du feststellen: Es ist tatsächlich nur nerviges Gequatsche.

Absolut auf die Palme bringen ältere Zuschauer die Massivwiederholungen in modernen Trickfilmen. Auch Jugendliche können vermutlich nicht erklären, warum die Figuren jede Gefühlsregung, die ihnen widerfährt, mit minutenlangem Geschrei, Gejammer oder immer und immer wieder sich wiederholenden Lust- und Schmerzenslauten kommentieren müssen, – uäh! uäh! uäh! uäh! uäh! uäh! – so lange, bis Papa oder Opa auf dem Zahnfleisch gehen. Und mal ehrlich – besser wird der Film dadurch nicht.

Überhaupt ist Fernsehen bei Jugendlichen ungefähr so angesagt wie die Deutsche Bahn. Man fährt Flixbus und guckt Netflix. Und der junge Mensch von heute guckt in Englisch. Du als fortschrittlicher Vater solltest dich ihnen anschließen – auch wenn es schwer fällt.

Aber es gibt noch andere Gründe, am Bildschirm zu kleben …

Suchterkrankung oder Sportart?

Pädagogen und andere Experten behaupten, dass mehr als die halbe jugendliche Nation unter der Zivilisationskrankheit Spielsucht leidet, also computerspielsüchtig ist. Diese Experten leben von der Behauptung, kassieren Forschungsgelder, stellen Statistiken auf und machen sich wichtig. Ihre Erkenntnisse sind manchmal sogar so formuliert, dass die Behauptung, der eine oder andere Amokläufer habe zu Hause am Computer geübt, irgendwie auf der Hand liegt. Ob sie selbst am Computer spielen oder je gespielt haben, also den Forschungsgegenstand aus eigener Erfahrung kennen gelernt haben, verschweigen sie meist.

Da du selbst zu einer Generation gehörst, die mit Computerspielen aufgewachsen ist und die Probleme aus eigener Praxis kennt, erübrigt sich die weitere Argumentation. Eigentlich genügt gesunder Menschenverstand, umfangreiche und teure Reihenuntersuchungen kann man sich sparen. Klartext:

+ Das Interesse an der Technik, die das Computerspielen möglich macht, trägt einen guten Teil dazu bei, dass Kinder *digital natives* werden, also von klein auf mit Digitaltechnik vertraut sind. Der richtige Prozessor, die kompatible Grafikkarte, Internetbandbreite, Framerate und Ping – dieses Wissen vermittelt dir die Schule nicht.

+ Viele Computerspiele enthalten soziale Komponenten und stärken das Gefühl für die Zusammenarbeit im Team. Mittlerweile gibt es Bestrebungen, aus dem Computerspielen eine reguläre Sportart zu machen – *eSports* genannt, in einigen Disziplinen kämpfen Fünferteams gegeneinander. Zwar mangelt es diesen Wettbewerben am Bildschirm an Vorteilen für die körperliche Fitness – bei Pizza-Doping und Softdrink-Support leidet sie eher –, doch zeigen sich hier Vorteile für das soziale Lernen – es muss nicht Fußball sein, fünf Freunde genügen auch für Erfolgserlebnisse in der Gruppe.

Allerdings sollte auch jeder computerspielbegeisterte Vater bedenken:

- Wer an Computer oder Konsole spielt, liest nicht oder deutlich weniger als Kinder und Jugendliche früher. Nicht umsonst gibt es kaum noch Bücherregale mehr neben Billy. Bedauerlicherweise sind viele Menschen deiner Generation nicht unbedingt ein Vorbild. Okay, du bist fein raus, du hast gerade ein Buch in der Hand …

- Wirklich gefährlich an den virtuellen Spielewelten ist der *TimeSlip-* oder *Black-Hole-Effekt.* In diesen schwarzen Löchern verschwindet Zeit in großem Umfang – und die fehlt dann für schulische und Ausbildungszusammenhänge. Sekunden summieren sich zu Minuten und Minuten zu Stunden und Zack! ist wieder ein halber Tag weg und der Notendurchschnitt sinkt langsam aber sicher …

Fazit: Mach dir keine Gedanken, wenn deine Kinder einmal etwas länger am Computer sitzen und spielen – du kennst das ja. Computerspiele machen einfach Spaß. Außerdem verläuft das menschliche Leben in Phasen, wie du vielleicht selbst festgestellt hast: Nach Zeiten mit exzessiven Spielanfällen war auch bei dir mit einem Mal Schluss, oder? Plötzlich machte dir das Spiel, das gestern noch so faszinierend war, keinen Spaß mehr und du fandest zurück zu dem Game mit der besseren Grafik: Wirklichkeit.

Vorschlag für eine simple Regel:

Hausaufgaben belegbar erledigt?
Nein?
Smartphone, Tablet, Spielkonsole oder Computer bleiben aus.
Alles geregelt?
Es kann losgehen.

Der Outdoor-Vater

Doch nun wirklich zurück in die reale Welt …

Scouting for Boys – vor einigen Jahren gab es Bücher, die Vätern ihren Söhnen schenkten, weil sie damit das Tor zu neuen großen Abenteuerwelten aufstoßen wollten. Der Autor, eine Art zeitloser Übervater, stellte darin alle bereits ausgestorbenen Insektenarten am Straßenrand und das Morsealphabet vor, erklärte haarklein, wie man mitten im Wald die fünfte Himmelsrichtung findet, im Wiesenbächlein riesige Forellen fängt, indem man sie unter dem Bauch kitzelt, oder wie man – als hochkreatives Genie irgendwo zwischen Daniel Düsentrieb und Angus MacGyver – mit einem Kronkorken, einem Stück Schnur und einem rostigen Nagel eine funktionierende Raumfähre baut. Diese wertvollen Schriften suggerierten Vater und Sohn, dass auch heute noch eine Art Pfadfinderexistenz in einem modernen Fähnlein Fieselschweif das Nonplusultra ist und dass sich dieses Ziel in angenehm einfachen Kapitelschritten erreichen lässt.

Wenn ein Vater ein solches Buch verschenkte und danach fragte, wie dem Sohn das Buch gefallen habe, erhielt er oft überraschende Reaktionen. Nein, Papa, ich bin noch nicht dazu gekommen hineinzuschauen, ich war das ganze Wochenende unterwegs beim Geocaching, du weißt schon, diese Schatzsuche mit dem GPS-Programm auf dem Handy, im Wald und am Autobahnkreuz und in der alten Fabrik, richtig abenteuerlich, man kommt sich vor wie ein Forscher oder Pfadfinder …

Der Wochenendausflug

Nun hast du schon dein sportliches Coupé verkauft und einen Familien-Van angeschafft, jetzt soll sich das Ding auch bezahlt machen, denkt sich Max Mustermann, Vater einer jungen Familie, und sagt:

»Es ist Sommer, es ist warm, wir fahren ins Prümmetal!«

»Au ja!«

Die nahezu einstimmige Zustimmung seiner jungen Familie überrascht ihn, nur die Kindsmutter hat Bedenken.

»Muss das sein? Ich wollte doch an diesem Wochenende … die Familienfotos ordnen.«

»Familienfotos? Haben wir doch noch gar keine!«

»Doch! Auf meinem Handy!«

»Darf Sandra mit?« Die beste Freundin von Tochter Inka.

»Und Maxi! Maxi auch! Und Daniel!« Die besten Freunde von Sohn Jan.

Ein Glück, dass der Wagen von Herrn Mustermann genug Sitze hat. »Morgen Punkt 8 Uhr geht's los!«

Nächster Akt.

Samstagvormittag. 8 Uhr – Max Mustermann hat wieder auf einen obskuren Sportkanal bis ins Morgengrauen American Football oder Sumo-Ringkämpfe geguckt und ist nur unter Einsatz mehrerer Kinder und mit schwarzem Kaffee als chemischem Kampfstoff aus dem Bett zu bekommen.

»Nicht mal am Wochenende kann man auspennen!«

»Aber du wolltest doch … Der Ausflug!«

»Ach ja …«

Erstmal frühstücken.

8:15 Uhr – Hektische Aktivität von Mama und Kindern, das Familienauto wird beladen. Picknickkorb, Getränke, Ersatzkleidung, Schuhe. Papa ist beim Frühstück im Bett noch einmal eingeschlafen.

»Hol mal den Staubsauger!«, ruft Mutter. »Mir ist gerade die Tüte mit den Honig-Pops geplatzt. Im Auto.«

Jetzt ist Papa hellwach! Er hechtet im Schlafanzug auf die Straße, um seinem Liebling zu helfen.

8:45 Uhr – Das Auto ist gereinigt, der Goldhamster mit einem Futtervorrat versorgt, der bis 2042 reichen wird. Alle Teilnehmer und der Reiseproviant sind verstaut, die Expedition bricht auf.

9:10 Uhr – Maxi muss mal. Sandra fragt: »Wann sind wir endlich da?«

9:22 Uhr – »Mir ist langweilig!« Die einzige Kinder-CD wird eingelegt. Kinder-Party-Megabit-Mix mit DJ Ötzi, den Wüsten Wüstensöhnen, den Kita-Fröschen und Pio Pulcelino oder so ähnlich.

9:31 Uhr – Sandra muss mal. Es dauert eine Weile, bis ein geeigneter Busch gefunden ist.

9:45 Uhr – Papa meint: »Ich muss tanken!«

»Wir kaufen aber nichts!«, wehrt Mutter präventiv ab.

Fünf Kinder fallen über den Tankstellenshop her und ergreifen für sie unverzichtbare Lebensmittel und Geschenkartikel. Nach längeren Verhandlungen mit den Geiselnehmern gelingt es, sie durch den Erwerb von einer Großtüte Mäusespeck und fünf außerirdisch gefärbten Limonaden, die keinerlei natürliche Stoffe außer Wasser enthalten, zu besänftigen und den Großteil der übrigen Waren zurück in die Regale zu stellen, darunter ein Roboterstaubsauger für Lkw-Kabinen und mehrere Packungen farbiger Kondome (»Guck mal, Luftballons!«). Dabei kommt es allerdings zu ganz neuen Anordnungen in der Warenpräsentation – Kondome beim Kaugummi, ein Staubsauger in der Frischetheke. Deshalb hat Familie Mustermann in dieser Autobahntankstelle künftig Hausverbot.

9:53 Uhr – Limonade ausgelaufen. Alles klebt.

9:57 Uhr – Jan muss mal.

10:12 Uhr – Sie spielen zum ersten Mal »Ich sehe was, was du nicht siehst!« Streit über die Farbe eines zweifarbigen Autos.

10:37 Uhr – Die einzige Kinder-CD, der zweite Durchlauf.

10:57 Uhr – Inka muss mal. Autobahnklo. Kollektives Igitt!-Geschrei erschreckt osteuropäische Trucker.

11:15 Uhr – Maxi muss mal.

11:48 Uhr – Die einzige Kinder-CD, der dritte Durchlauf.

11:53 Uhr – Mama muss mal.

12:15 Uhr – »Ich sehe was, was du nicht siehst!«

12:48 Uhr – Kofferpacken. Papa kann sich nichts merken, ärgert sich, weil er verliert. Setzt sich Kopfhörer auf, fängt sich sofort einen Rüffel von der Kindsmutter ein. »Also … das geht ja nun mal gar nicht. Du fährst doch!« Papa legt die Kopfhörer weg, stellt stattdessen die Ohren auf Durchzug.

13:10 Uhr – Alle wollen einen Kaugummi. Papa mahnt: »Wehe, ihr klebt mir die ausgekauten Dinger wieder unter die Sitze!«

13:22 Uhr – Papa muss mal. Er pinkelt gegen einen Elektrozaun. Das große Wehklagen, später eine ausgiebige Volksrede über den Sinn und Unsinn von Elektrozäunen.

13:51 Uhr – Irrfahrt das Prümmetal rauf und runter. Der Picknickplatz bleibt unentdeckt. Mama fragt: »Wann sind wir endlich da?« Papa ist dennoch guten Mutes: »Wozu haben wir denn das Navi?«

14:12 Uhr – Das Navi hat schon das neue *Easy Interface* und erweist sich deshalb als quasi unbedienbar. Mama und Papa versuchen ihr Glück mit einer Karte, wischen dabei zwei Butterbrote mit Leberwurst und einen angefangenen Joghurt vom Armaturenbrett. Ein weißer Fleck erstreckt sich über die Karte, bis dorthin, wo irgendwo der Picknickplatz sein muss.

14:15 Uhr – Jan, Inka, Maxi und Sandra müssen mal. Der Wasserstand im Flüsschen Prümme steigt beachtlich, später im Jahr werden die ortsansässigen Angler über ein besonders rundes Aroma der Forellen berichten. Daniel ist stolz, dass er der Einzige ist, der bisher nicht pinkeln musste. Dann macht er sich kurz vor dem Picknickplatz voll in die Hose. Sein Reißverschluss klemmt, es war ihm zu peinlich, jemanden um Hilfe zu bitten. Immerhin steht sein Rekord.

14:32 Uhr – Am Picknickplatz im Wald angekommen. Die Prümme, auch zu besseren Zeiten nicht eben ein reißender Strom, ist ein Rinnsal zwischen den Tannen, gerade ausreichend für einige dringende rituelle Waschungen mit Papa als Schamanen.

14:35 Uhr – Das Picknick ist eröffnet. Obwohl alle Expeditionsteilnehmer während der Fahrt ausreichend Kalorien zu sich genommen haben, ist der Picknickkorb innerhalb von Sekunden leer – bis auf die kalorienarmen Reiswaffeln. Mamas Tofu-Frikadellen nach neuem Rezept finden ebenfalls kaum Zuspruch. Sie landen zum großen Teil im Gebüsch. Unmengen Kartoffelsalat, Hot Dogs und Nutellabrötchen verschwinden, als hätten sie nie existiert.

14:41 Uhr – Die Kinder betätigen sich freilaufend im Wald. Mama hat Angst vor Giftpilzen, Tollwut, Wildsauen mit Ferkeln, frei laufenden Kampfhunden, trockenen Gewittern und einem Absturz in den eigentlich gar nicht so wilden Wildbach. Keine dieser Katastrophen tritt ein, aber …

14:48 Uhr – Sandra ist schlecht. Sehr schlecht. Kartoffelsalat und Würstchen kehren zurück ins öffentliche Leben des Prümmetals.

14:52 Uhr – Mama versucht, entspannt in einem Liegestuhl zu sitzen und zu lesen. Beides gelingt ihr nicht, weil Jan und Maxi Streit mit einer Nachbarfamilie angefangen haben. Sie bewerfen deren Töchter mit den Reiswaffeln, was die Gegner zur Freude der Angreifer mit angemessenen Mettwürstchen, sauren Gurken und fetten Frikadellen beantworten. Da direkt am Picknickplatz ein Reitweg vorbeigeht, ist unter den Wurfgeschossen aber auch Obst – Mama trifft ein Pferdeapfel. Später wird sie – wie bereits Daniel – die reinigende Wirkung des Prümmewassers preisen, weil nichts Besseres da war.

15:10 Uhr – Papa muss mal. Nein, jetzt braucht er ein Klo. Die öffentliche Toilette am Picknickplatz ist ständig besetzt. Er beginnt mit dem Bau eines nachhaltigen Outdoor-Klos, dessen Funktionen er jedem, der es wissen will, auch theoretisch erläutert. Die Begeisterung der übrigen Besucher des Picknickplatzes hält sich in Grenzen. »Den einen Ast klemmt man zwischen zwei Astgabeln, mit dem anderen … äh …«

Max Mustermanns Gedankengang kommt ins Stocken. Wozu ist denn dieser zweite Ast nun gut? Prüft man damit die Windrichtung? Signalisiert man »Besetzt«? Wehrt man die Wölfe ab? Die Antworten auf diese Fragen fallen ihm gerade nicht ein. Dennoch will er zur Tat schreiten. Glücklicherweise wird in diesem Augenblick das Chemieklo wieder frei, so dass den Anwesenden der Anblick seines bleichen Vollmondes erspart bleibt.

16:10 Uhr – Mustermanns Kinder und Freunde haben damit begonnen, die Prümme aufzustauen und dabei ein großartiges Schlammloch geschaffen, das später in der Woche die örtlichen Wildschweine mit Begeisterung nutzen werden. Jetzt sehen die Kinder aus wie Wildschweine – es fällt schwer zu unterscheiden, wer denn nun wer ist. Mama greift hart durch, reinigt und sortiert Kinder und deren Kleider und hängt diese – die Kleider, nicht die Kinder – zum Trocknen ins Gebüsch. Die Ersatzkleidung im Auto ist nur minimal mit Joghurt bekleckert und hat kaum etwas von der klebrigen Limonade abbekommen.

16:45 Uhr – Papa wurde von den bisherigen Strapazen der Expedition hingestreckt und macht wohlbehütet unter der großen Heckklappe des Vans ein Nickerchen. Nach einem Viertelstündchen erwacht er erfrischt und beginnt, eine Flasche Bier in der Hand, mit der Organisation eines internationalen Fußballturniers um den Prümme-Pokal, die Konservendose, in der die Brühwürstchen für die Hot Dogs angereist sind …

18:30 Uhr – Beginn der Rückreise – die einzige Kinder-CD, der vierte Durchlauf. Drei von fünf Kindern schlafen. Die beiden anderen kleben ausgekaute Kaugummis unter die Sitze. Mama sitzt am Steuer, Max Mustermann hatte sich im Laufe des Fußballturniers mit Familie Almeida aus Portugal angefreundet, und das, obwohl Portugal das heimische Team mit 4:1 geschlagen hat. Diese herbe Niederlage musste sich Papa mit reichlich vom hervorragenden portugiesischen Rotwein der Almeidas schöntrinken. Jetzt schnarcht er auf dem Beifahrersitz von allen Kindern am lautesten. Für Frau Mustermann wird es eine einsame, lange Rückfahrt.

19:30 Uhr – Am Picknickplatz ist es still geworden, die letzte Familie ist abgefahren. Ein zufällig vorbeikommender Fuchs frisst eine von Mamas Tofu-Frikadellen nach neuem Rezept und verendet qualvoll unter einem Weißdornstrauch.

Am Montag ist glücklicherweise wieder Familienalltag.

Papa, du hast im Test schon wieder null Punkte!

Ältere Väter und Großväter erinnern sich noch: Irgendwann in den Siebziger- und Achtzigerjahren wurde unter fortschrittlichen Pädagogen der Sinn der Hausaufgaben infrage gestellt, endlich hatten die Jünger Pestalozzis mal eine richtige Eingebung. Es dauerte aber nicht lange: Ab 1990 lief alles rückwärts: Aus der ach so fortschrittlichen Schule wurde wieder das Paukzentrum der total langweiligen Frontalunterweisung. Der sensible Pädagoge mit den intellektuellen Wurzeln in der 68er-Bewegung erwies sich als Lehrerlarve. Er verpuppte sich, streifte seine Hülle ab und zum Vorschein kam der alte Arschpauker, der den ganzen lieben Tag lang nichts weiter zu tun hat, als die Schüler mit unnützem Wissen vollzustopfen.

Nein, die Hausaufgaben wurden nicht abgeschafft, um die Schüler wenigstens nachmittags zu entlasten. Stattdessen knallte man ihnen noch ein paar Stunden mehr auf den Stundenplan. Leistungsgesellschaft, schon klar,

Elite, nur die Besten bringen es zu was. Das sieht man ja an den Leuten, die unseren Staat lenken. Nur die besten Steuerhinterzieher, Finanzjongleure, Betrüger (siehe Doktorarbeiten), Korruptionsexperten, Beziehungsnetzwerker und so weiter kommen ganz nach oben. Siehe Bayerischer Landtag, FIFA, Olympisches Komitee. Wenn die in der Schule keine Kurvendiskussion gelernt hätten, wie sollten sie sich dann heute durchlavieren und im Krisenfall die Biege machen?

Das Schlimmste aber an diesen Missständen: Irgendwer muss ja die Hausaufgaben machen. Und allzu oft versucht ein Typ wie du es, der sensible Vater, der sich verpflichtet fühlt, seinen Kindern in der argen Not zu helfen. Er versucht es mit der Hilfe zur Selbsthilfe: »Jetzt schalte mal den verdammten Computer aus und mach die Hausaufgaben!« Dieser väterliche Satz zeigt eindeutig, dass du als Teil der Erzeugergeneration nichts gerafft hast. Die Antwort deines Sohnes oder deiner Tochter könnte lauten: »Ich sitze am Computer, *weil* ich Hausaufgaben mache!«

Hausaufgaben *the easy way* nämlich. Informationen und Denkanregungen bezieht die jüngere Generation wie auch du zum Beispiel von Wikipedia oder von »speziellen« Seiten für Schüler. Nein, deine Kinder arbeiten nicht nach der Methode Schavan/Giffey/Guttenberg (gemeint ist hier der Betrüger, nicht der Erfinder der Druckkunst). Abschreiben geht gar nicht. Hier werden wissenschaftliche Grundlagen genutzt und in eigenen Worten wiedergegeben. Du kriegst vielleicht zu hören: »Du baust dir doch auch keinen neuen Fernseher, wenn du abends die Tagesschau sehen willst!«

Ach so, ja, das darf nicht vergessen werden: Wenn du an noch aktivere Hilfe denkst und die Hausaufgaben für dein Kind erledigen willst: Lass es! Du solltest wissen, dass Schule heute ganz anders funktioniert. Denken wir doch nur an das Fach Mathe. Entweder ist die Mathematik viel komplexer geworden oder dein mathematisches Wissen ist verdunstet. Auch in anderen Fächern wird dein Tun häufig mit der Nachricht belohnt: »Papa, du hast im Test schon wieder null Punkte!«

Andere schulische Probleme erfordern wiederum andere väterliche Qualifikationen ...

Der hat mich gehauen!

Nicht nur Superman musste seinem Sohn Jonathan, genannt Jon, die Regeln des männlichen Kampfes beibringen. Auch dein Einsatz ist bei der Vorbereitung auf das Nahkampfgebiet Schulhof gefragt ...

Der Hintergrund: Früher prügelten sich die kleinen Jungs auf dem Schulhof und als Erziehungsberechtigte konnte man sich ziemlich sicher sein, dass sie sich an gewisse Regeln hielten: Liegt der Gegner auf dem Boden, so gilt er als besiegt. Man schlägt nicht weiter und tritt auch nicht nach ihm. Das hatte der Sohn vom Vater gelernt, deshalb kam es nur selten zu ernsten Verletzungen durch eine Prügelei. Heute prügeln sich sogar die Mädchen ohne Regeln und mit ungezügelter Gewalt – ein schöner Erfolg der Emanzipationsbewegung – und fügen sich dabei Verletzungen zu, an deren Folgen sie ein Leben lang leiden werden. Deshalb solltest du dich als väterlicher Punchingball zur Verfügung stellen und ihnen zeigen, wie es geht. So etwas überlässt ein verantwortungsvoller Vater nicht dem Privatfernsehen oder den Martial-Arts-Clips bei YouTube.

Du hast diesen Rat befolgt, jetzt hast du ein blaues Auge? Ein sicheres Zeichen, dass du als Vater nicht versagt hast.

Väter und Fußball

Damit hat keiner gerechnet, vor allem nicht du: Dein Nachwuchs hat Erfolg im örtlichen Fußballverein. Er wird gefeiert als Mittelstürmer oder Torwart, trägt entscheidend zu Siegen über konkurrierende Mannschaften der Parallelklassen bei, steht hoch im Ansehen in seiner oder ihrer Klasse und will auch zu Hause bewundert werden. Väter reagieren unterschiedlich, je nach ihrem persönlichen Standpunkt zum Fußball.

»Super, gib mir fünf!«, ruft der eine Vater, um es sich mit Sohn oder Tochter nicht zu verderben, denkt aber: Oh, verdammt, jetzt engagiert sich mein Kind in dieser

Asi-Sportart, statt gute Noten in Mathematik zu holen. Was mach ich nur?

Umgekehrt hofft ein anderer Vater, der bereits eine nicht mehr zu verhindernde Hartz-4-Karriere für seinen Nachwuchs heraufdämmern sah: Vielleicht schafft sie es ja als Vollprofi! Muss man fördern sowas!

Das Schlimme für beide Vätertypen: Da läuft etwas ganz ohne sie ab, und wenn sie sich einmischen, muss das gut überlegt sein ...

Im Folgenden spreche ich fortan vom begabten Fußballsprössling als »Sohn« – einfach, weil sich das viel besser liest als »dein/e Sohn/Tochter«. Doch, liebe Mädchen-Väter, aufgepasst. Im Fall der Fälle, seid auch ihr gemeint ...

Typ 1 muss möglicherweise in kommenden Jahren mit dem Vorwurf leben, er habe seinem Sohn eine Profikarriere verdorben, weil er ihm das tägliche Training oder sogar das Fußballspielen ganz verboten hat, weil er nach seiner tatsächlichen Intention handelt.

Typ 2 wird unter Umständen von seinem erwachsenen Sohn zu hören bekommen, dass er ihn nicht nur in seine Rolle als Außenverteidiger in der Regionalliga gedrängt hat, sondern auch in die eines Außenseiters in gesellschaftlichen Zusammenhängen, und dass er sich, statt den Fußballtrainer zu machen, als verantwortungsbewusster Vater besser für Abitur und Studium starkgemacht hätte.

In beiden Fällen: Rote Karte. Um nicht zu sagen: Arschkarte. Was übrigens ein und dasselbe ist.

Nicht nur ein unverkrampftes Verhältnis zum Fußball zu finden, ist eine Aufgabe in der Vater-Champions-League. Überhaupt haben die Väter und der Sport Probleme miteinander. Mit der männlichen Sportlichkeit ist das so eine Sache. Es gibt aktive Komponenten – viele Stunden Training draußen auf der Wiese, auf dem Sportplatz, im Schwimmbad oder in der Sporthalle – und passive Trainingseinheiten, dokumentiert durch ein *Kicker*-Abo und viele Stunden auf dem Sofa, oft mit Sky-Unterstützung. Im Laufe des männlichen Lebens verschiebt sich das Verhältnis zum Sport von aktiv immer weiter nach passiv, und je nach Geschwindigkeit dieser Metamorphose können sportlich erwachende Kinder ausgesprochen lästig werden.

Gut, mit der Wahl einer geeigneten Sportart kannst du die lieben Kleinen auch in Mamas Team abschieben – Eiskunstlauf, Rhythmische Gymnastik, vielleicht noch Tennis oder Badminton. In typischen Männersportarten aktive Kinder schränken allerdings das sportliche Engagement besonders etwas älterer Väter deutlich ein. Wie soll er aber die vielen Stunden Training auf dem Sofa absolvieren, wenn Papa seinen Sohnemann (oder auch seine Tochter) jedes Wochenende zum nächsten Lokalderby karren oder sogar zu Übungszwecken mit auf den Platz muss?

Als ich vierzehn war,
war mein Vater so unwissend.
Ich konnte den alten Mann
kaum in meiner Nähe ertragen.

Aber mit einundzwanzig war ich verblüfft,
wie viel er in sieben Jahren dazu gelernt hatte.

Mark Twain [1835-1910]

12 UND MEHR JAHRE: BESSER, WENN SIE GRÖßER WERDEN?

Auf Entlastung durch geistige Reifung hoffen zahlreiche Väter und Mütter, die schon Schwierigkeiten hatten, die ersten acht bis zehn Jahre Kindheit zu überstehen. Eine enttäuschte Hoffnung – denn nun klopft die Pubertät an die Tür, um von den Heranwachsenden bewältigt zu werden – und von den Vätern. Denn nicht nur der Nachwuchs bekommt Pickel, wenn auch aus unterschiedlichen Gründen.

Ja, die Eltern werden irgendwann peinlich

So abgedroschen es auch klingen mag: Irgendwann kommen bei deinem Nachwuchs negative Gefühle auf, wenn er an dich denkt: Man muss sich ja schämen, dich zum Vater zu haben! Plötzlich ist nicht mehr alles, was

Vater tut, das Gelbe vom Ei. Das erwachende jugendliche Ego hat seine Ansprüche. Was gestern noch gut und richtig war, ist heute doof, peinlich und voll daneben. Warum? Weil deine Kleinen jetzt groß sind. Oder zumindest groß sein wollen. Grenzdebil winken, wenn du sie in die Schule gebracht hast? Unmöglich, wer macht denn so was? In aller (Schul-)Öffentlichkeit Butterbrote überreichen? So etwas kannst du mit einer Fünfjährigen machen, aber doch nicht mit einer selbstbewussten Zwölfjährigen! Coole Schüler kaufen sich etwas am Kiosk!

Mütter sind übrigens noch schlimmer: Sie kämmen ihre pubertären Kinder in aller Öffentlichkeit, wischen ihnen mit Spucke und einem Taschentuch Ketchupreste vom Mund und knutschen sie auch noch zum Abschied. Wie, deine Frau macht das auch bei dir immer noch so?

Nicht nur die Eltern – auch das ganze Familienambiente wird mit zunehmender Testosteron- oder Östrogeneinspritzung verkrampfter. Muss eigentlich jeder in mein Zimmer kommen, ohne anzuklopfen? Das Familienauto – so ein dämlicher Golf, warum fahren wir bloß so eine Scheißkarre? Nein, Alter, hol mich mit dem Ding bloß nicht von der Schule ab! SUV oder Limo oder nix! Okay, wer nicht fahren will, muss laufen.

Die Unterwäsche der Familie draußen auf der Wäschespinne – sowas von peinlich! Nichts von Calvin Klein dabei, alles völlig abgerippt, Modell Liebestöter! Und wie Mama aussieht, wenn sie am Wochenende mit ihren Freundinnen zum Wandern geht – total Banane! Die doofe Lache und die unmöglichen Klamotten von der kleinen Schwester – muss die eigentlich immer dabei sein, wenn meine Freunde zu Besuch kommen? Der bescheuerte Familiendackel, der überallhin pinkelt – Annas Eltern haben drei Golden Retriever …

Nur Opa hat Glück. Seine Birkenstock-Sandalen waren über Jahrzehnte voll peinlich – jetzt liegen sie wieder voll im Trend. Dafür schockt Opas Dose fürs Gebiss im Familienbad – igitt!

Reg dich nicht auf, so läuft das halt: Kinder, die erwachsen werden, beginnen genauer hinzuschauen, vergleichen die eigene Familie und ihre Lebensgewohnheiten mit anderen und stellen fest: In einigen Punkten sind wir ganz anders … Was können wir tun, um wie die anderen zu werden? Diese Phase geht vorbei – irgendwann steht am Ende des Erkenntnisprozesses die Einsicht: Ja, so ist es nun mal.

Vermutlich fragst du dich als charakterlich zermürbter Vater mit pubertärem Nachwuchs aber dennoch: Was ist jetzt? Bin ich denn tatsächlich peinlich oder nicht? Teils, teils. Vermutlich hast du dich während der frühkindlichen Phase deiner Familie selbst ein bisschen aus dem Blick verloren. Schau mal in den Spiegel, du siehst schon aus wie … man könnte sagen … ein bisschen abgewirtschaftet, um nicht zu sagen … nun ja, eben peinlich. Dein Outfit … Karl Lagerfeld – Gott hab ihn selig – meinte mal, dass jemand in Jogginghosen die Kontrolle über sein Leben verloren hat …

Du schaffst es immer noch, jeden Morgen im Anzug ins Büro zu fahren? Ach so, das hast du nicht nötig als Beamter oder Selbstständiger? Aber überleg mal: Deine Bettgefährtin schaut dich morgens zwischen den Kissen auch etwas anders an als noch vor ein paar Jahren. Und manchmal hast du die Befürchtung, es wäre ihr peinlich, mit dir zusammen gesehen zu werden. Schon möglich. Vielleicht lässt du dich mal neu von ihr stylen … Töchter können das übrigens auch gut.

Allwissende Väter?

Wusstest du schon, dass väterliche Erziehungsberechtigte in den Augen ihrer Kinder im Laufe der Jahre und Jahrzehnte verschiedene Entwicklungsphasen durchlaufen? Auch du befindest dich auf dem Weg vom Superman zum Superopa, vom unanfechtbaren Weisen zum inkompetenten Tattergreis. Die ganze Kindheit über ist ein Vater für seine Sprösslinge so etwas wie ein allwissender Gott, die letzte Instanz, wenn sie Hilfe brauchen oder Fragen haben, Mr Perfect in Person. Es soll aber mittlerweile auch allwissende Mütter geben.

Du musst dir darüber im Klaren sein, dass dieses übermenschliche Ideal Schaden nimmt, wenn du auch nur kleine Anzeichen von Unfähigkeit zeigst, wenn zum Beispiel dein Nachwuchs dir erklären muss, wie Instagram und Facebook funktionieren. Gleiches gilt für Wissensfragen und Meinungen in allen Bereichen. Über mehr als ein Jahrzehnt war dein intellektuelles Potenzial zweifelsfrei der Standard in der Familie, immer wieder wurde dir deine Überlegenheit bestätigt: »Cool! Papa weiß einfach alles!«

Mit der Zeit ändert sich das – zwar nicht schlagartig, die nächste Generation in der Familie weiß, dass die plötzliche Erkenntnis zunehmenden Unvermögens einfach ein zu harter Schlag für dich wäre. Eine Weile wirst du zweifelhafte Zustimmung finden etwa in dieser Art: »Ja ja Papa, ein Lichtjahr ist die Stromrechnung für 365 Tage, schon in Ordnung, du hast ja recht …«, aber du wirst gleichzeitig bemerken, dass sie dich wie einen Idioten behandeln. Vermutlich bist du dann, zumindest in der betreffenden Sache, auch einer.

Wahrscheinlich denkt sich der Nachwuchs: Lass ihn lieber noch für eine Weile in seinen Irrtümern stecken bleiben, als dass er dir mit seinen unqualifizierten Erziehungsmaßnahmen den Tag versaut, nach dem Motto

Im Hirn herrscht tiefe Nacht,
doch Papa hat die Macht!

Der Klügere gibt nach, und der wirklich Wissende muss nicht immer Recht behalten. In ein paar Jahren kann er ohnehin nicht mehr mitreden, aber er wird es dennoch versuchen. Einfach nicht hinhören, wenn er wieder zu schwafeln beginnt. Rapper SixPac Orang weiß schließlich besser, wie man zum Alphamännchen oder zur Backyard Bitch wird als Papa, der alte Versager.

Einerseits also: eine gute Erfahrung, deine Kinder werden erwachsen.

Andererseits: keine schöne Perspektive, mit deinen Qualifikationen ist Familienoberhaupt kein Job mehr für dich.

In Konkurrenz mit DJ Asshole und der Twerk Queen

Verblüffend, was sich Kinder als Idol aussuchen, wenn man sie lässt und ihnen keine anderen Angebote macht. Jungen hängen sich an Gangsterrapper und dazu auch noch mit Vorliebe an solche, deren Qualifikation sich in einem übermotorisierten Auto, 2,5-Kilogramm-Goldketten um den Hals und mit dem Arsch wackelnden Tussis in YouTube-Videos erschöpft. Dazu vielleicht noch ein paar Sprüche in Kanak, der Straßensprache. Und eben der Name: DJ Asshole oder Capone Boney oder Big-T-Agony oder so.

Das scheint auf den ersten Blick nicht viel zu sein, aber wenn du weiter überlegst, kommst du vielleicht darauf, dass es genau die Dinge sind, die du nicht hast.

Dein Angebot: VW Golf Kombi, zwei oder drei Goldzähne, von denen man nichts bemerkt und – Mutti. Wie du die Dame dazu bringen könntest, für dich in einem

YouTube-Video ... Vermutlich ist sie es dann, die dich mit Kanak-Sprüchen bedenkt. Lassen wir das also lieber.

Und da wäre dann noch dein Name: Michael Schmidt oder so. Wenn es wenigstens Gerald Asamoah wäre ...

Und da wären wir schon bei den Fußballern. Man könnte denken, dass Väter glücklicher wären, wenn ihre Söhne sich so einen zum Vorbild erwählen würden. Die Auswahl ist groß: Cristiano Ronaldo, Jérôme Boateng, Lionel Messi, Manuel Neuer, Mats Hummels, Mesut Özil, Toni Kross, Zinédine Zidane, Zlatan Ibrahimovic, Franck Ribéry, Neymar, Kylian Mbappé oder Antoine Griezmann, Marco Reus, um nur einige zu nennen.

Der eine isst vergoldete Steaks, ein anderer posiert mit orientalischen Diktatoren. Ein weiterer wiederum praktiziert das Superfoul, den nahezu tödlichen Kopfstoß. Fußballer zeigen erstaunliche Begabungen: Marco Reus fährt seine Sportwagen jahrelang ohne Führerschein. Stefan Effenberg beschenkte 2003 die Beamten in einer Polizeikontrolle mit dem schönen Titel »Arschloch«. Dafür wird er sicher gern 100 000 Euro Strafe gezahlt haben. Ex-Schalker Tomasz Hajto praktizierte im Nebenjob Zigarettenschmuggel. Das bereits genannte potentielle Vorbild Gerald Asamoah fuhr mit 1,4 Promille im Blut gegen einen Baum – ein hervorragendes abschreckendes Beispiel und somit eine wichtige Unterstützung für deine Kinder auf ihrem Lebensweg.

Mädchen stellen sich übrigens bei der Wahl ihrer Vorbilder häufig nicht intelligenter an. Nein, die meisten interessieren sich nicht für Mutter Teresa, Sabine Leutheusser-Schnarrenberger oder Öko-Pippi. Für Schnarri noch am wenigsten. Sie wählen lieber magersüchtige Trällertrinen oder seltsame Getto-Gewächse mit aufgeblasenen Silikonlippen, die dazu noch besser als jede andere mit dem Arsch wackeln können und die man deshalb – und da schließt sich der Kreis – recht häufig in den YouTube-Videos von Gangsterrappern sehen kann. Auch möglich, dass dein weiblicher Nachwuchs seine philosophische Orientierung bei Kosmetik-Influencerinnen findet oder bei Heidi und ihrem Mager-Team.

Warum eigentlich Sportler, Musiker und Mediengrößen? Von Politikern kann der Nachwuchs doch viel mehr lernen! Zum Beispiel wie man sich mit einem gefälschten Doktortitel im Bundestag völlig schamfrei als Minister*in bewegt und dazu noch die Frechheit haben kann, nicht zurückzutreten. Das sind wahre Vorbilder! So macht man das auf dem Weg nach oben.

Was im öffentlichen Leben beginnt – heillose Unordnung im Wertekanon – geht in gewisser Weise bei der Ordnung im Kinderzimmer weiter:

Alles von sich werfen

Du kennst das womöglich ganz dunkel von früher: Nach dem Motto »Wirf alles von dir, was dich hemmt und host!« stürzt sich ein verliebtes Paar ins erotische Abenteuer. Wenn es ein Hotelzimmer betritt, fliegen im Rausch der

Leidenschaft auf dem Weg zum Lotterbett Mantel, Sakko, Schuhe, Röcke und Hosen, ihr BH und sein Tigerslip in hohem Bogen durch die Luft und landen irgendwo auf dem Boden – zumindest in einem drittklassigen Film. Pure kochende Leidenschaft.

Ziemlich genau dasselbe geschieht, wenn der pubertierende Nachwuchs das elterliche Heim betritt und es mit Verwüstung überzieht. Taschen, Kleidungsstücke und Schuhe landen nach kurzer parabolischer Flugbahn im Eingangsbereich von Haus oder Wohnung. Er lässt alles hinter sich – ganz wie besagtes Liebespaar im Rausch der Leidenschaft – nur die Leidenschaft fehlt. Auch wenn der Schulstress noch so groß war – zwei oder drei Handgriffe mehr würden für nachhaltige Entspannung sorgen, aber diese geniale Überlegung würde das testosteron- oder östrogenumnebelte Hirn deiner Nachgeborenen überfordern.

Was ist zu tun?

Erste Möglichkeit: Liefere ihnen doch einfach die nervende Gardinenpredigt, auf die sie offenbar scharf sind, und sieh mit Erstaunen zu, wie glatt und elegant Argumente an ihnen abgleiten. »Locker, Alter, jetzt bleib doch mal geschmeidig …«

Du bist schon ein bisschen frustriert? Entscheide dich für schwerwiegendere Erziehungsmaßnahmen: Du könntest zum Beispiel mit schweren Körperstrafen drohen oder wie ein Gorillamännchen auf deine Brust trommeln und unartikulierte Laute ausstoßen. Das eine wie das andere wird denselben Erfolg haben – nämlich keinen.

Oder – dritte Möglichkeit – bleibe sachlich und gelassen und bitte sie einfach, den Kram nachher wieder wegzuräumen. »Nachher« heißt in diesem Fall: nach zweistündigem Chillen vor dem Fernseher, nach dem Verzehr einer Tiefkühlpizza und nach dem Verstreuen von Chipskrümeln und Red-Bull-Dosen am Sitzplatz vor dem Fernseher, also nach der Erschaffung einer weiteren Stätte der Verwüstung im Herzen der bürgerlichen Familie.

Und das ist erst der Anfang.

Spätestens jetzt müsste dir klar geworden sein, dass du die Phase der pädagogischen Ausweglosigkeit erreicht hast, dass du von nun an für die nächsten 24 bis 36 Monate gegen pubertäre Schwerhörigkeit ankämpfen und gegen eine Wand reden wirst. Mach dir nichts draus. Jetzt weißt du, was deine Eltern vor ein paar Jahren mit dir erdulden mussten. Das ist die gerechte Strafe.

Das Prinzip Chaos

Unabhängig vom Geschlecht, führen Heranwachsende in ihren Zimmern mit den Erziehungsberechtigten eine Art Bodenkrieg. Der Fußboden im Jugendzimmer besteht nicht etwa aus Auslegeware oder Laminat, sondern hat eine Oberfläche aus offenen halbleeren Flaschen, Fastfoodwerbung, undefinierbaren Lebensmitteln in allen Formen des Verfalls, zum Beispiel heftig aromaaktiven Käsesandwichs, Kronkorken, Comicheften und mittlerweile überflüssigen Benjamin-Blümchen-Gadgets. Im Papierkorb finden sich mit vergorenem Trinkjoghurt übergossene Papierfetzen, Oreopackungen, eine halbleere Dose Ölsardinen sowie vertrocknete Orangen- und kaum noch erkennbare Bananenschalen.

Jetzt ist dein Mut als Vater gefragt: Mach dich an die Erforschung dieser *terra incognita*, durchquere kniehoch mit Schmutzwäsche bedeckte Ebenen und dokumentiere das Zusammentreffen mit bisher unbekannten Lebensformen zwischen Palettenbett und Sitzsack. Fruchtfliegen und Lebensmittelmotten sind bereits in der Literatur bekannt, du müsstest also exotischere Arten entdecken.

Wichtig: Stelle dich als Vater den Herausforderungen! Derartige Biotope lösen bei Müttern geradezu archaische Ängste in Bezug auf unheimlich viele kleine krabbelnde Tiere und wuchernde Schimmel- und Pilzungeheuer aus.

Deine mehr oder weniger Angetraute hat vor ein paar Tagen trotz ihrer Ängste – bewaffnet mit Mundschutz und Gummihandschuhen – das Zimmer aufgeräumt und geputzt?

Schade. Genau wie beim letzten Mal. Gerade wolltest du als verantwortungsbewusster Vater zur Tat schreiten.

Piercings und Tattoos

Da hast deinen Nachwuchs nun über Jahre beschützt und mit großer Umsicht dafür gesorgt, dass er weder an Seele noch Körper Schaden nimmt. Und mal ehrlich, obwohl du ein harter Typ bist, hat dich selbst eine kleine Verletzung deines Sprösslings äußerst unangenehm berührt, schon weil auch winzige Kratzer dir mehr weh getan haben als dem verletzten Kind. Alles ist soweit gutgegangen, von einem unangenehmen Wespenstich ins Hinterteil und ein paar Kratzern am Knie einmal abgesehen.

Und jetzt das: Deine Kinder beginnen, ihren so gehegten und gepflegten Traumkörper anzuritzen, zu perforieren und mit Dekorationen zweifelhafter ästhetischer Qualität zu ruinieren. Eigentlich könnte dir das egal sein, doch blöderweise endet diese seltsame Verbindung, diese telepathische Schmerzübertragung, die Eltern und Nachwuchs verbindet, auch dann nicht, wenn aus Kindern Jugendliche werden, die sich Ringe durch verschiedene Körperteile ziehen oder *Snakebites* durch die Lippen wollen. Du weißt zwar: Auf der körperlichen Ebene schmerzt es sie vermutlich mehr als dich. Aber zu den imaginären Schmerzen kommen Ängste – vor Allergien, Entzündungen und Vernarbungen. Und irgendwie hast du eine heruntergekommene Ausfahrt der Karriereautobahn ins nächste Getto vor Augen, wenn du an Piercings und Tattoos denkst.

Im väterlichen Krisenzentrum toben die virtuellen Expertenteams, eine Sonderkommission Körperschmuck sozusagen. Sie fragen sich: Wie haltbar sind derartige Verzierungen, was kostet es, sie irgendwann einmal zu entfernen? Wie bringe ich meine Kinder dazu, wenn es schon sein muss, sich dort tätowieren zu lassen, wo es keiner sieht, weil Kleidung die fragwürdige Dekoration im Notfall verdeckt? Und schlimmer noch: Soll ich mich auch stechen lassen, um Verständnis zu signalisieren?

Du hast schon welche? Na, dann ist ja klar, woher dein Nachwuchs es hat.

»Jo, Kiddies, was geht ab in der Possi?«

Du hast die neue Ausgabe des *Lexikons der Jugendsprache* erstanden und kommst dir sofort wieder vor wie mit sechzehn? Mit den folgenden Sätzen ruinierst du als Daddy Cool dein eigenes und das Image deiner Kinder bei ihren Freunden. »Jo, Kiddies, was geht ab in der Possi? Schiebt ihr mit rüber zur coolen Mehrzweck-*Hall*, einen abflaschen?« »Lass stecken, Alter!« ist noch die harmloseste Reaktion, mit der du rechnen kannst. Etwas deutlicher die klare Ansage: »Papa, lass das, dein Jugendwahn ist peinlich! Total peinlich!«

Dazu solltest du wissen: Wörter aus der Jugendsprache sind für die Jugendlichen verbrannt, wenn Erwachsene sie benutzen. Gute Eltern wissen das und reden, wie es sich für sie gehört. Es ist eben die Lust an der Provokation, die Jugendliche dazu veranlasst, Begriffe zu gebrauchen, die in den Ohren von Erwachsenen einen aggressiven oder sonst wie herausfordernden Klang haben. In den letzten Jahren leistete dies über einige Zeit das Wort »geil« im Sinne von »gut«. Nachdem aber selbst Provinzjournalisten in Berichten über das Feuerwehrfest von Bad Hölzingen von einem geilen Event faselten, entschloss sich die sprachlich ausgesprochen sensible Jugend zu einer Änderung im Vokabular. Der nun etablierte Begriff hatte sein provokantes Potenzial und somit seinen Reiz verloren – »geil« wurde in einigen Bereichen durch das unverbrauchte »porno« ersetzt.

Erwachsene machen sich lächerlich, weil sie das ohnehin ständig im Wandel befindliche Vokabular der Jugend mit Ausdrücken verjährter Jugendsprache zu einem äußerst unangenehmen Mix verquirlen. Ein Vater, der über eine gemeinsame Unternehmung sagt: »Gefiel mir gut. War ein netter Nachmittag!« ist authentisch und wird akzeptiert. Würde er den Satz: »Eyh, cooler afternoon, Alter! Voll scharf!« verwenden, prägt er sich den unsichtbaren Stempel »Vollarschloch!« auf die Stirn – auch wenn Jugendliche den Stempel anders texten würden.

Geh doch sterben, du Aslak!

Zu einem anderen Teilgebiet der sprachlichen Kommunikation: Die neue Höflichkeit deiner jugendlichen Kinder könnte dich irritieren. Was du zu hören bekommst, wenn du irgendwo in ein Wespennest der Generationenkonflikte stichst, klingt nicht gerade nach Komplimenten. Als Angehöriger des männlichen Geschlechts hast du wenigstens noch den Vorteil, nicht direkt als »Fotze« bezeichnet zu werden, das männliche Geschlecht ist im Bereich der Beleidigungen unterrepräsentiert. »Du Pimmel!« oder »Du Dödel!« klingen einfach zu lustig und zu wenig beleidigend. Allenfalls musst du dich mit der Bezeichnung »Vollhorst« auseinandersetzen, vielleicht kommst du auch in Situationen, in denen du einfach nur schlicht als »Opfer« tituliert wirst.

Den »Aslak« verdanken wir den türkischen Zuwanderern, *asalak* bedeutet soviel wie »Parasit«. Je nach dem Anteil von Mitschülern mit Migrationshintergrund kommen auch noch exotischere Beleidigungen hinzu: *hiyarin oğlu* = »Sohn einer Gurke« zum Beispiel. Malediktologisch (Malediktologie heißt der Forschungszweig, der sich mit Flüchen, Schimpfwörtern und Beleidigungen befasst) lebst du in kreativen Zeiten.

Bleibt die Frage: Was will der Nachwuchs seinem Erzeuger, dir, dem Vater, mit diesen gewalttätigen Sprachäußerungen eigentlich sagen?

Schimpfkanonaden sind keine gewollte Boshaftigkeit, sondern dokumentieren eigentlich den Wunsch nach Aggressionsvermeidung. Solche Kraftmeiereien bedeuten: »Lass mich gefälligst in Ruhe, Alter!« Oder in Sozialarbeiterdeutsch: »Klar, da gibt es ein Problem, aber auf dieser Ebene können wir nicht darüber kommunizieren. Unternimm einen zweiten Versuch!«

Diese Strategie der Aggressionsvermeidung läuft seit Urzeiten. Steinzeitmenschen wollten die Keule in der Höhle lassen und beschimpften stattdessen die Mitglieder der anderen Urhorde, dass sich den Mammuts die Stoßzähne kräuselten. Diese Tradition steckt in den menschlichen Genen.

Kapier das endlich, du Spacko!

So was von peinlich, Mama!

Auch Mütter können extrem peinlich werden. Zum Beispiel dann, wenn sie Babyfilme oder -fotos der Kinder öffentlich machen und im Kreise von Verwandten oder Bekannten vorführen. Früher war es ein Fotoalbum, in das man einen gemeinsamen diskreten Blick warf. Heute erscheinen Babys lustige Lammfell-Pornos auf dem 75-Zoll-Flachbildschirm oder werden per Beamer übermenschlich groß auf die Wand projiziert – oder sie werden gleich bei Facebook eingestellt. Denn dort ist die moderne Mutter heute auch unterwegs. Deshalb ist der Nachwuchs inzwischen geschlossen zu Instagram abgewandert. Doch zurück zum Thema: Mit solchen Bildervorführungen erreicht die überaus wohlwollende und liebevolle Mutter, dass ihre Tochter sie ein Leben lang hasst.

Deine Aufgabe als Vater ist es nun, derart gefährliche Situationen zu verhindern, und zwar ohne gleich deine

Zweierbeziehung gegen die Wand zu fahren. Du musst nämlich Partei für den Nachwuchs ergreifen, ohne deine Frau als voyeuristisch und unsensibel zu brandmarken – ein Balanceakt auf Messers Schneide.

Eine Möglichkeit: Frag mal die Mutter deiner Kinder: »Was würdest du sagen, wenn ich deinen und unseren Freundinnen und Freunden (!) frühe Nacktaufnahmen von dir zeigen würde?« Leider lautet die Antwort meistens: »Aber das ist doch ganz etwas anderes!«

Wirklich?

Für die Mütter ist es tatsächlich so. Ärgerlicherweise fanden und finden nämlich Mütter ihre Kinder als knuffige Babys derartig niedlich, dass sie vor lauter Liebe und Herzenswärme die exhibitionistische Präsentation ihrer Kinder in aller Öffentlichkeit gar nicht als solche bemerken oder für harmlos halten. »Da ist doch nichts dabei!«

Ganz andere Gefühle als solche der Liebe und Herzenswärme empfindet hingegen der Nachwuchs im Alter von 12 bis16 Jahren, wenn Mutti die schönsten Szenen aus der frühen Kindheit auf den Bildschirm bringt. Sie finden sich selbst unbekleidet oder als dumm herumstolpernde Kleinkinder beim Laufen lernen ganz und gar nicht unterhaltsam. Es ist zum Auswachsen.

Auf direkte Proteste der Kinder reagieren Mütter anfangs mit Entgegnungen wie »Ach, lass mich doch!« oder »Sei doch nicht so empfindlich!« oder »Ist doch nichts dabei, damals warst du doch noch ein Baby!« Und schließlich sehen die Bilder ja nur gute Bekannte und Verwandte.

Und vielleicht deren Freunde. Und deren Freunde. Komisch, das beruhigt den Nachwuchs in keiner Weise …

Anna möchte einfach nicht, dass irgendjemand das Muttermal auf ihrer linken Pobacke sieht, und Marco möchte, dass seine Doktorspiele im Sandkasten vor etwa zehn Jahren ebenso sein Geheimnis bleiben wie die, die er heute praktiziert.

Irgendwann, wenn sie in die Jahre gekommen sind, werden die Kinder diese Situation vermutlich anders sehen und ähnlich wie ihre Mutter empfinden, aber um die peinliche Darbietung der Kindsmutter jetzt zu unterbinden, musst du als zuständiger Vater zu massiven Mitteln greifen. Wie wäre es zum Beispiel damit: Gibt es ein Foto von Muttern in einer peinlichen oder ungünstigen Situation? Du musst jetzt nicht den subversiven Vater spielen und es den Kindern zuspielen. Oder vielleicht doch? Im günstigsten Fall musst du es noch nicht einmal zeigen. Erwähne es nur mal kurz: »Und nachher schauen wir uns deine Fotos vom Griechenland-Urlaub 2012 an, du weißt schon, damals in Agios Cellulitis …«

Dieser Vorschlag könnte deine Gattin schlagartig aus der Rolle der Alleinunterhalterin werfen. Die peinliche Vorführung kindlicher Blöße in der einen oder anderen Weise fällt aus. Ziel erreicht, du bist ein guter Vater!

Ein schlecht konstruierter Beispielsfall? Korrekt, aber hoffentlich hast du eine bessere Idee. Mütter, die stolz auf ihre Babys sind und irgendwie in den Zeigewahn geraten, sind unendlich schwer zu stoppen. Vor allem weil diese

Bilder sie an Zeiten erinnern, in denen der Nachwuchs nicht jeden Augenblick drohte, auf Nimmerwiedersehen aus dem Fenster zu flattern …

Womit wir schon beim nächsten Thema wären.

Partyyy!!!

Das Problem mit deinen Kindern im Nachtleben sind nicht sie, sondern das bist du. Du weißt noch ganz genau, was du so alles angestellt hast, als du in ihrem Alter warst. Und du befürchtest, dass sie nun das Gleiche tun wie du damals – das könnte böse enden …

Wenn du jetzt hier Tipps zur psychischen Stabilisierung von Eltern, speziell Vätern mit Angstsyndrom erwartest, bist du auf dem Holzweg. Allzu viel kannst du ohnehin nicht tun. Nein, schon die Überlegung, mit durch die Clubs zu ziehen, hat etwas Schräges. Väter machen so etwas nicht, und wenn Mütter unter dem Vorwand, sie würden so gern tanzen, ihre Töchter mit ihrer Anwesenheit und einem Tanzstil aus der frühen Steinzeit drangsalieren, ist das schlimm genug.

Mehr als ein bisschen Überwachung über das Smartphone bleibt dir nicht. Siehst du, es lohnt sich doch noch, dass du deinen Nachwuchs zum letzten Geschenkfest mit dem sündhaft teuren neuesten iPhone oder dem falt-, roll- oder essbaren Ostasien-Phone beglückt hast. Du könntest zum Beispiel auf regelmäßige Rückmeldung bestehen. »Explorer 3 an Basis: alles Roger?« Explorer 3, das ist dann dein Sohn Markus. Basis, das bist du. Wer Roger ist, das wussten die schon bei der Mondlandung im Juli 1969 nicht so genau. Basis will jedenfalls wissen, wie die nächtliche Exploration vorankommt. Erfährst du aber nicht, da kannst du sicher sein. Deshalb hier ein paar Infos zum normalen allgemeinen Ablauf eines »netten Abends«:

- Ältere Herren, die sich doch noch einmal vermehrt haben, sollten wissen, dass sich in den Clubs unserer Tage etwas verändert hat. Sperrstunde um 22 Uhr ist nicht mehr.

- Jüngere Eltern haben es natürlich auf dem Schirm: Wer um 20 Uhr in einen Club geht, steht bis 22:30 Uhr allein auf der Tanzfläche – wenn der Laden überhaupt schon offen hat. Auf die Piste geht man heute gegen 22:30 Uhr oder 23 Uhr.

- Ältere Väter und Mütter assoziieren in vielen Fällen schon mit diesen Zeiten so etwas wie verkommenes Nachtleben. Sie stellen sich Schwarzlichtschuppen mit zwielichtigen Drogendealern in jeder Ecke vor und verstehen nicht, was ihre Kinder dort – für sie im Land von Meth und ofenrohrgroßen Joints – eigentlich wollen und schlagen gern andere Aktivitäten vor, doch …

- Nein! Club und Jugendheim sind nicht dasselbe, auch das Treffen bei Freunden zu Hause kann einen gelegentlichen Ausflug in die Clubs nicht ersetzen. Man sieht einfach andere Leute, nicht immer dieselben Typen, mit denen man schon die ganze Woche über herumhängt.

Von einer großen Gefahr entlastest du dich und deine Familie, wenn du auf einer pünktlichen Rückkehr zur Basis, also zu dir, zu einer abgesprochenen Zeit bestehst. Welche große Gefahr sonst drohen würde? Dass du so lange kein Auge zutust, bis die Satelliten wieder die Basis erreicht haben, und dass du deshalb als Schlaflos-Zombie durch den Montag geisterst. Ohne Absprache kann es durchaus sein, dass deine lieben Kleinen erst im Morgengrauen, so um 5 Uhr oder 6 Uhr, aus der Umlaufbahn zurückkehren.

Ein fester Rückkehrtermin schützt dich allerdings nicht *per se* vor Katastrophen in der Nachtruheplanung. Du könntest komplett durchdrehen, die Polizei informieren, Suchtrupps bilden und diese durch die ganze Stadt hetzen, wenn der Nachwuchs nicht wie abgesprochen um 2 Uhr auf der Matte steht. Schon 2:18 Uhr und noch immer weit und breit niemand zu sehen! Alarm! Panik! Und das ist sie schon, die WhatsApp-Nachricht: »Stau auf der Partymeile, wir brauchen 25 Minuten länger als geplant.«

Bewährt hat sich der väterliche Fahrdienst auf dem Lande. Nach der Scheunenfete fährt ohnehin kein Bus mehr und alle Taxifahrer des Dorfes sind entweder ausgebucht oder besoffen. Ha, jetzt lohnt sich der große Van, in dem der coole Papa um 2:30 Uhr seine und die Kinder anderer Leute einsammelt und sicher nach Hause bringt. Vorteil: Du hörst mit – es wird viel erzählt auf langen Landstraßen, und erfährst Dinge, die dir zu Hause im Fernsehsessel verborgen blieben. Allerdings sind Informationen darunter, die du vielleicht gar nicht bekommen wolltest … Nachteil: Väterliche Alkoholexzesse verbieten sich an so einem Abend. Schade.

Nicht vergessen: Alkohol und Bratwürste in größerer Menge finden auf so einem ländlichen Fest sehr schnell den Weg in einen Jugendlichen hinein, kommen aber häufig genauso schnell als bereits gut vorverdauter Mageninhalt wieder ans Tageslicht. Kotztüten gehören in dieser Phase der kindlichen Entwicklung zur automobilen Grundausstattung.

Es gibt allerdings auch große Ereignisse in der jugendlichen Entwicklung, die nicht außerhäusig geschehen, und zu denen du, der Supervater, einen eigenen Standpunkt besitzen solltest.

Junge Liebe in Aktion

Du hast einen Sohn und er hat zum ersten Mal ein Mädchen auf seinem Zimmer, womöglich gar zur Übernachtung? Du hast eine Tochter und sie hat zum ersten Mal einen Jungen mitgebracht, womöglich als Schlafgast mit Pyjama und Zahnbürste? Es könnte natürlich auch sein, dass sie eine ganze Nacht lang nur am Computer herumspielen ...

Egal welche Alternativszenarien du dir ausmalst, die nächtlichen Albträume voller platzender Kondome bleiben dir nicht erspart, du siehst deine Tochter zuerst mit dem Baby in der Abiturprüfung und dann in der Sozialwohnung zwischen Bierflaschen, einem Billigfernseher, einem unrasierten Mann im Feinripp-Unterhemd auf einem unheimlich haarigen Sofa und auf dem Couchtisch davor der unausgefüllte Hartz-4-Antrag ...

Fazit: Wenn Tochter oder Sohn Übernachtungsbesuch haben, die Anzahl der Teilnehmer bei dieser Veranstaltung zwei nicht überschreitet, wenn du weißt, wer es ist, und dass der potentielle Partner oder die potentielle Partnerin Angehörige der menschlichen Art sind, hilft es nur, für ausreichend Verhütungsmittel zu sorgen und notfalls die Mutter mit dem weiblichen Nachwuchs zwecks Pillenrezept zum Frauenarzt zu schicken.

Und dann bleibt nur noch: tief einatmen.

Und ausatmen.

Und wieder einatmen.

Und vielleicht Ohropax.

Hilft ja doch nichts.

Wie man sie los wird

Du hast dich 18 Jahre oder länger mit ihnen auseinander-setzen müssen und findest, dass es nun irgendwie auch genug ist. Deine Frau beschwert sich über Hotel Mama, wenn es überhaupt noch die erste ist, die Mutter deiner Kinder. Vielleicht verlief euer Familienleben so anstren-gend, dass das Personal mehrfach ausgetauscht oder nach dem Patchwork-Verfahren ergänzt werden musste. Allerdings: Vater bleibt Vater.

Möglicherweise ging auch alles ohne größere Katas-trophen ab. Wie auch immer – genug ist genug. Genug Zimmerchaos und Chill-Orgien, genug Dauerpennen am Morgen und nächtliche, aber fruchtlose Diskussionen. Keine Kommunikation mehr durch zugeknallte Türen, morgens kein blockiertes Badezimmer. Kein leer gefres-sener Kühlschrank, keine übervollen Mülleimer und Kat-zenklos, die trotz Aufgabenplan vergeblich auf Entleerung warten, keine pubertären Depressionen, Ritzversuche und heimliche Tattoos, keine Spülmaschinenkriege, ver-gessenen Lichtschalter und Heizungen auf Hochtouren.

Wie wunderbar wäre das.

Falls du jetzt Praxistipps erwartest, wie man den Nach-wuchs loswird – keine Ahnung!

Vielleicht tröstet dich die Information, dass italienische »Jugendliche« weiblichen Geschlechts mit durchschnitt-lich 29,5 Jahren ausziehen, während ihre Brüder sogar 30,9 Jahre bleiben …

Aber irgendwann kommt er, der große Tag: Du kannst deinen Nachwuchs zum ersten Mal in der eigenen Wohnung besuchen. Bereite dich innerlich schon einmal auf einen mittelschweren Schock vor: Weil du ja dermaßen geizig warst, muss man sich mit Sperrmüllfunden und Palettenmöbeln behelfen. Und dennoch: Erstaunlicherweise ist die neue Wohnung aufgeräumt und trotz beschränkter finanzieller Mittel geschmackvoll und wohnlich eingerichtet. Du wirst angenehm bewirtet und zivilisiert als Gast begrüßt. Bravo, du hast wohl als Vater nicht völlig versagt.

Das Haus ist ja so groß ohne Kinder ...

Irgendwie kommt dir das Haus in den letzten Tagen so riesig vor, jetzt, wo die Kinder aus dem Haus sind. Einen derartigen plötzlichen Raumgewinn in den eigenen vier Wänden hattest du nicht erwartet, oder? Gestern noch kam dir alles beengt und nervend eingeschränkt vor. Heute erscheint dir schon der Korridor so groß, als könntest du ihn als Golfplatz vermieten. Der Keller: das reinste Labyrinth von Minos in deinem Eigenheim. Riesige Heizöltanks, endlose Tischtennisplatten, Kisten voller überflüssigem Spielzeug, zerbrochenen Kindermöbeln und Gesellschaftsspielen, Vorratsregale ausgedehnt und rätselhaft wie Roms Katakomben. Die Tiefkühltruhe – arktische Weiten. Schrumpft der Mensch nicht mit dem Alter? Geht das schon mit 45 oder 50 los?

Eine endlose Eingangshalle, nur mit Jeeps oder schnellen Pferden zu durchqueren. Mannshohe Schirmständer, das himmelhohe Gestell der Garderobe. Die Zimmer der Kinder, leere Hallen wie in einem Tarkowski-Film. Die Küche, endloses Weiß unterm Neonlicht, in dem in weiter Ferne eine Frau eine einsame Gurke schält. Der Wohnraum: genauso wüst und leer. Wir schreiben das Jahr 2025, in den Polstergebirgen nisten sich ungestört außerirdische Motten ein. Zernagen, was die Familie in Jahren nicht verschleißen konnte. Das riesige, gähnend leere Rechteck des Fernsehers, ganz ohne die »Sendung mit der Maus«, »Paw Patrol«, »Mascha und der Bär«. Dahinter der Ficusdschungel, undurchdringlich, wohlgedüngt, alles überwuchernd. Wer, wenn nicht die Kinder, gebietet ihm nun Einhalt? Du kämpfst dich durch zur Terrassentür.

Terrasse, Schnittstelle zur kalten, gnadenlosen Welt da draußen. Eisige Winde überstreichen deinen ewigen Waschbeton, Karawanen überqueren dich. Du wusstest gar nicht, dass Ameisen so groß werden können. Oder wirst du immer kleiner? Nach wochenlanger Reise durch die Graswälder der Wiese erreichst du einen aufragenden, metallisch blinkenden Gegenstand. Was mag das sein? Herabklatschende Riesentropfen wecken deine Erinnerung: der automatische Rasensprenger! Während du fliehst und weiterschrumpfst und gerade über eine Bo-

denbakterie stolperst, ertönt von irgendwoher ein mächti-
ger Glockenklang. Es klingelt an der Haustür.

ZOOOM!

Du erreichst wieder deine alte Größe. Mit ein paar
Schritten bist du am Eingang. Es ist Inga, deine Tochter.
»Schön, dass du vorbeikommst! Du könntest uns ruhig
mal etwas häufiger besuchen. Das Haus ist ja so groß,
wenn die Kinder fort sind ...«,

Wenn du diese Worte des erste Mal aussprichst, ist alles
richtig gelaufen. Du hast als Vater bestanden.